02

中国国家博物馆国际博物馆学译丛

# 中国国家博物馆国际博物馆学译丛

## 《博物馆的沉思：关于百科全书式博物馆的论争》

### 作者简介

詹姆斯·库诺（James Cuno），芝加哥艺术博物馆原馆长，曾领导过伦敦考陶尔德艺术学院、哈佛大学艺术博物馆等艺术机构，并担任哈佛大学艺术史和建筑史教授。2011 年以 60 岁的高龄荣任 J. 保罗·盖蒂信托基金主席兼首席执行官。著述等身，影响较大的有《谁拥有文物？：博物馆和古代遗产之争》《谁的缪斯？：美术馆与公信力》《谁的文化？：博物馆的承诺以及关于文物的论争》等。

### 译者简介

夏美芳，北京外国语大学英语语言文学硕士，任职于中国国家博物馆国际联络部。长期从事博物馆国际交流工作，曾参与"瓷之韵：大英博物馆、英国国立维多利亚与艾伯特博物馆藏瓷器精品展"、"来自肖邦故乡的珍宝：15 至 20 世纪的波兰艺术"等国际文物和艺术展览的筹划。现专注于文物和展览的翻译实践与研究。出版译著《博物馆里名家讲名画》。

# MUSEUMS MATTER

# 博物馆的沉思

## 关于百科全书式博物馆的论争

〔美〕詹姆斯·库诺———— 著

夏美芳———— 译　　陈煜 ———— 审校

中国出版集团　东方出版中心

图书在版编目（CIP）数据

博物馆的沉思：关于百科全书式博物馆的论争 /
（美）詹姆斯·库诺著；夏美芳译 . -- 上海：东方出版
中心 , 2024.1
（中国国家博物馆国际博物馆学译丛 / 王春法主编）

ISBN 978-7-5473-2306-9

Ⅰ . ①博 … Ⅱ . ①詹 … ②夏 … Ⅲ . ①博物馆学 – 研
究 Ⅳ . ① G260

中国国家版本馆 CIP 数据核字（2023）第 227161 号

**博物馆的沉思：关于百科全书式博物馆的论争**

著　　者　[美]詹姆斯·库诺
译　　者　夏美芳
审　　校　陈　煜
丛书筹划　刘佩英　肖春茂
责任编辑　张馨予
封面设计　钟　颖

出 版 人　陈义望
出版发行　东方出版中心
地　　址　上海市仙霞路 345 号
邮政编码　200336
电　　话　021-62417400
印 刷 者　徐州绪权印刷有限公司

开　　本　710mm×1000 mm 1/16
印　　张　12.25
字　　数　128 千字
版　　次　2024 年 1 月第 1 版
印　　次　2024 年 1 月第 1 次印刷
定　　价　88.00 元

# 编辑委员会

主　　编：王春法

执行主编：丁鹏勃

编　　委：王春法　杨　帆　陈成军　刘万鸣　丁鹏勃
　　　　　陈　莉　张伟明　潘　涛　朱扬明

统　　筹：潘　晴　王云鹏　陈淑杰

编　　务：夏美芳　王洪敏　马玉梅　童　萌　孙　博

# 总序

## 关于建设中国特色博物馆学的若干思考

中国国家博物馆馆长　王春法

## 一

在现代社会的公共文化机构中，博物馆是一个非常独特的存在。就其功能而言，博物馆毫无疑问是保护和传承人类文明的重要殿堂，是连接过去、现在和未来的桥梁，同时在提升社会审美意识、促进世界文明交流互鉴方面也具有特殊作用，因而具有历史、文化、艺术等多重属性。按照国际博物馆协会的定义，博物馆是"为社会服务的非营利性常设机构，它研究、收藏、保护、阐释和展示物质与非物质遗产。它向公众开放，具有可及性和包容性，促进多样性和可持续性。博物馆以符合道德且专业的方式进行运营和交流，并在社会各界的参与下，为教育、欣赏、深思和知识共享提供多种体验"。从历史发展来看，无论在中国还是在外国，现代意义上的博物馆都是从最初的私人收藏、个人把玩、小众欣赏向信托基金收藏、社会化展示、学术界研究宣介转变发展而来的。而且随着社会的发展进步，博物馆的类型也越来越多种多样，从私人博物馆到公立博物馆，从艺术博物馆到综合博物馆，从历史博物馆到考古博物馆，从行业专题博物馆到综合性博物馆，以及难以计数的由名人故居改造而来的纪念馆、艺术馆等等，形态各异，丰富多彩。与此相适应，博物馆的藏品类型也从简单的艺术品收藏，比如绘画雕塑、金银玻璃等传统意义上的艺术品，扩大到生产器具、生活用品、古籍善本、名人手稿等各类反映社会生活发展进步的代表性物证；博物馆展览展示活动则从传统的引导鉴赏审美扩大到促进对人类自身演进历史的回顾与反思，成为历史记忆与文化基因互映、鉴赏审美与教化引导同存、创造新知与休闲娱乐并行的重要公共文化产品，博物馆也由此成为享受精神文化生活、消费精神文化产品的重要公共场所，成为城市乃至国家的文化地标。

现代博物馆的突出特点是其藏品的公共性而非私密性、鉴赏的大众性而非小众性、展览展示的导向性而非随机性，体现在藏品来源、展览展示以及社会导向等方面，其中在观众结构上表现得最为突出和充分。一般来说，现代博物馆已经突破了小众鉴赏的局限性，通过导向鲜明的展览展示活动把观众拓展为社会大众，这一群体既有稚龄幼童和中小学生，也有青年观众和耄耋老人；既有在地观众，也有跨区观众；既有国内观众，也有国外观众。他们来自各行各界，通过参观展览在博物馆里寻找各自的思想情感载体，沉浸其中，享受其中，带着不同的感悟收获而去，并在这个过程中与博物馆进行高强度的思想理念情感互动，推动塑造着城市或者国家的文化形象。如果我们要在较短的时间内比较系统深入地了解一座城市或一个国家，那最好的方法就是去参观博物馆；一座城市如果没有博物馆，那就不能说是一座有文化的城市；一个国家的博物馆展览展示水平如果不那么尽如人意，也没有几次具有国际影响力和巨大视觉冲击力的重要展览展示，那也就不能说这个国家的文化发展到了较高水平。正是在这个意义上，我们说博物馆是一座城市或者说一个国家的公共文化窗口、文化客厅。

随着网络信息技术的飞速发展，社会形势正在发生重大变化，博物馆传统的组织架构、产品形态、运维模式、管理机制甚至员工技能条件和要求都在为适应形势变化作调整。首先是藏品形态以及管理方式发生了重要变化，数字化收藏和数字化管理成为重要趋势，以数字方式存储的各种资料、数据、图像正在成为新的重要藏品形态，藏品管理也越来越借助于信息技术手段，通过对藏品本体进行二维或三维数据采集形成的藏品数据规模也越来越大，博物馆的核心资源正在从实物藏品向海量数据转变；其次是数字化展示已经成为博物馆展览的常态化趋势，如依托线下展览形成的网上展览、无实体展览支撑的虚拟展览、依托大数据和人工智能建设的线下数字展厅和智慧展厅、各种各样的沉浸式展示体验等，与此相适应的社会教育和媒体传播也深受观众欢迎，往往形成现象级传播效果；最后，依托博物馆明星文物开发形成的文化创意产品、依托重要展览衍生的出版物以及其他周边产品等规模越来越大，社会影响也极为广泛，社会效益和经济效益也都十分可观。当然，在网络信息技术的支持下，博物馆的安全运维、设备管理、后勤服务等方面更是发生了根本性变化。我们经常强调现在博物馆正在经历三级跳甚至四级跳，即从传统意义上以实物为核心资源的博物馆转向以观众为核心的新博物馆阶段，再到以办公自动化为主要形式的信息化阶段，进而转到以数字化呈现为核心的数字博物馆阶段，目前则正在向以数据资源为核心的智慧博物馆转变，数字藏品、元宇宙等等就是博物馆与数字信息技术在这方面的最新探索。

二

中国的博物馆事业肇始于20世纪初学习西方先进文化的时代背景中，迄今已经走过了一百多年的发展历程。中华人民共和国成立以来，博物馆事业作为党领导的国家文化事业的重要组成部分，不仅自身迅速发展繁荣，形成涵盖综合类、历史类、艺术类、遗址类、人物类、科技类、纪念馆类等类型多样的庞大博物馆体系，而且积极回应国家和社会需求，主动承担历史、时代、民族和国家赋予的使命，在收藏和保护文物、举办展览、开展社会教育活动、满足人民精神文化需要、向世界展示中国风采等方面发挥了重要作用。特别是党的十八大以来，习近平总书记高度关注、重视文物博物馆工作，多次到博物馆考察调研，对博物馆工作作出一系列重要指示批示，博物馆事业得到高速发展、空前繁荣，在促进人的全面发展、引导社会价值理念和反映社会进步成就方面发挥的作用不断彰显，作为文明交流互鉴窗口和平台的作用日益突出。有资料表明，1996 年我国仅有博物馆 1 210 座，到 2019 年全国备案博物馆已达到 5 535 座，年均增加近 200 座新博物馆。2019 年，全国举办展览近 3 万个，年观众总量在 12 亿人次以上。即使在深受新冠疫情冲击的 2021 年，我国新增备案博物馆也高达 395 家，备案博物馆总数达 6 183 家；全年举办展览 3.6 万个，举办教育活动 32.3 万场；全年接待观众 7.79 亿人次；适应疫情防控需要，策划推出 3 000 余个线上展览、1 万余场线上教育活动，网络总浏览量超过 41 亿人次。其中，中国国家博物馆、故宫博物院等都是在国内外具有广泛影响、深受观众欢迎的世界知名博物馆。大体来说，当代中国博物馆事业发展具有以下几个突出特点：

一是强有力的政府支持。与西方发达国家主要通过各种基金会对博物馆提供间接支持赞助不同，我国博物馆中有三分之二属国有博物馆，而且各类博物馆都可以通过不同方式获得直接财政支持，馆舍建设、藏品征集、安全运维、免费开放等等都是如此。与此同时，中央以及地方政府还出台不同政策对博物馆事业发展提供强有力的政策支持。正因为如此，国内博物馆建设发展速度很快，年均新增 200 多座新博物馆，目前已经实现平均每 25 万人一座博物馆的"十三五"规划预定目标。没有党和政府的强有力支持，就没有今天我国博物馆事业繁荣发展的大好局面。

二是鲜明的历史导向。中国有百万年的人类史，一万年的文化史，五千多年的文明史，为我国博物馆事业发展提供了丰富的历史文物资源。正因为如此，我国博物馆的主体是历史类博物馆，包括各种依托考古遗址建设的博物馆、依托名人故居或重大事件发生地建设的纪念馆等等，即使是综合类博物馆或行业博物馆也大多是以历史文物藏品或展览为主。这样一种组织体系决定了博物馆工作鲜明的历史导向，在文物征集收藏上比较注重历史价值，在阐释解读上比较倾向于以物说史、以物释史、以物证史，强调对历史文化的深层次探索和解读。相对来说，博物馆工作中关于美的历史展示，关于公众审美意识和审美能力的引导培养，还有很大的发展和提升空间。

三是锚定一流的设施配备。由于我国现有博物馆绝大多数都是改革开放以来三四十年间新建或者是完成改扩建的，无论是馆舍建筑设计，还是配备的设备设施，都是着眼于世界或国内一流水平来规划安排的，所以，我国现有博物馆基础设施大都非常先进，硬件方面堪称一流，馆舍也很壮观，是当之无愧的文化地标，许多省级博物馆乃至地市博物馆也都建设得气势恢宏，硬件条件不逊于一些外国国家博物馆，这在很大程度上得益于后来居上的后发优势。与此相对照，关于博物馆的微观组织架构和管理体制机制则受苏联理念风格的影响较大，部门之间分工明确，行政主导特点鲜明，具体工作依项目组织运行，策展人的权责地位则不够明确突出。

四是馆藏总体规模相对偏小。在看到我国博物馆飞速发展的同时，我们也要清醒地看到，我国博物馆的藏品规模总体上还是比较小的，全国第一次可移动文物普查数据显示，总量只有 1.08 亿件（套），其中各级各类博物馆藏品只有近 4 200 万件（套），全国博物馆藏品规模尚不及美国史密森学会（Smithsonian Institution）博物馆群 1.57 亿件的藏品规模、号称国内藏品最多的故宫博物院藏品只有186万余件（套），中国国家博物馆只有143万余件（套），较之大英博物馆、纽约大都会艺术博物馆动辄数百万件的藏品规模相去甚远，这又从另一个方面反映了中国博物馆发展空间巨大，任务更加艰巨复杂。

五是学术研究基础亟待加强。博物馆是一本立体的百科全书，学术研究是博物馆一切工作的基础，没有高水平的学术研究就没有高质量的征集保管，也没有高水平的展览展示，更没有引人入胜的教育传播活动。传统上，我国博物馆普遍比较重视展览展示和讲解社教，学术研究基础总体上则比较薄弱，而且不同博物馆研究实力和学术水平也很不均衡。一般来说，各省省级博物馆和部委属专题博物馆的研究机构设置和研究人员配备情况相对好些，地级市及以下博物馆比较弱些，非国有博物馆则几乎谈不上学术研究。总体来看，博物馆在藏品和展示方面呈现出越往上越好、越往下越差的三角状态。无论是承担学术研究项目，还是学术人才配备，这种梯级分布情况都十分明显。

六是国际策展人明显不足。博物馆展览是一项综合性工作，需要策展人是多面手，把符合博物馆功能定位的展览意图与社会观众的普遍预期有机结合起来。一方面，要选好展览主题，多方面争取和筹集经费，从不同单位协调展品，熟悉展品的基础信息和学术研究进展情况，准确把握观众需求和期待；另一方面又要做好展览的内容设计、空间设计、平面设计和灯光设计，不仅仅要把藏品摆出来，而且要摆得好、摆得到位，既能够让普通观众清楚明白地了解到策展人的展览主旨和斟酌脉络，又要让具有相当研究欣赏水平的观众能够对特定藏品进行近距离观赏和思考。在国际层面上，由于展览肩负文明交流互鉴的重任，而各博物馆的功能定位不同，中外博物馆策展理念存在明显差异，真正具有国际视野、能够推进国际展览的专门化策展人才严重不足，能够有效向国外推介中国博物馆展览的优秀人才则更是凤毛麟角。反映在展览交流上，就是我们处于严重的入超状态，即引进来的多，走出去的少；走出去的展览中古代的多，近现代的少；在走出去的古代展览中，靠展品取胜的多，依靠展览叙事产生重大影响的少。要改变这种情况，就必须加大对策展人的培养力度，形成一大批具有国际视野和能力的国际化策展人，真正推动中华文化走出去。

令人振奋的是，进入21世纪第二个十年以来，在以习近平同志为核心的党中央的关心和支持下，人民群众关注博物馆、参观博物馆、支持博物馆建设的热情更加高涨，我国博物馆事业发展明显加速，呈现出空前积极健康向上的良好发展势头。从博物馆自身发展来看，共同的趋势是更加突出观众为本的价值理念，更加强调展览展示是博物馆最重要的公共文化服务产品、策展能力是博物馆的核心能力，博物馆作为历史文化解读者的权威地位受到更多方面因素的影响，博物馆周边产品的延伸活化功能得到前所未有的关注和发展，网络信息技术手段得到广泛应用，文化客厅的地位作用更加突出，更加重视塑造提升博物馆的社会公众形象，更加突出征藏展示活动的评价导向功能。在这种情况下，博物馆作为一个相对独立的自主知识体系载体，如何能够更充分地留存民族集体记忆，如何更系统完整地展示中华文明的源远流长、绵延不绝和灿烂辉煌，如何更大力度地以中华文化走出去来促进文明交流互鉴，如何更有效地处理好保存历史与技术应用之间的关系，如何更多地创造分享社会发展新知，都成为时代提出的一些紧迫而直接的严峻挑战，要求我们广泛吸取各方面的智慧和启示，明确未来的发展方向，不断推进理论探索和实践创新，为世界博物馆事业发展提供中国方案、贡献中国力量。

三

概括起来看，无论是在中国，还是在外国，博物馆相关的知识体系大体上可以分为三大类：一类是关于文物藏品的学问，我们称之为文物学。在这个大类之下，各种关于不同类型文物藏品的研究都可以称之为一门专门学问，比如研究青铜器的，研究绘画作品的，研究雕塑的，研究玉器的，研究陶瓷的，研究钱币的，研究不同时代历史文物的，研究不同艺术流派的，研究民族民俗文物的，等等。一类是关于历史文化研究的，大致可以归为历史学的范畴。国内博物馆一般是依据历史时代进行断代史相关研究的，比如夏商周、先秦史、秦汉史、三国两晋南北朝史、隋唐史、宋元明清史、近代史、现代史、当代国史研究等等。欧美国家的博物馆由于藏品来源不同，大多按不同地区分为希腊罗马、埃及、中东、远东、印度等不同研究方向，依托馆藏文物藏品进行研究、展览以及征集等。比如，卢浮宫博物馆分设有希腊、伊特鲁里亚和罗马文物、埃及文物、东方文物、伊斯兰艺术、拜占庭与东方基督教艺术、绘画、版画与素描、雕塑和装饰艺术九个藏品部门。还有一类是研究博物馆管理的，包括征藏、文保、展览、教育、传播、设备、安全等等，这部分研究工作可以称为博物馆学。从这个意义来说，所谓博物馆学实际上就是博物馆管理学，核心内容就是研究博物馆运维的内在规律，包括征集工作规律、保管工作规律、学术研究工作规律、展览展示工作规律、社教传播工作规律、观众服务工作规律、文化创意工作规律、安全保障工作规律等等。总体上来说，这三方面的学问构成了现代博物馆知识体系的主体部分。自然历史博物馆和艺术博物馆则另当别论。

就博物馆的藏品研究来说，与大学或专门研究机构有着明显的不同。一般来说，大学研究或专门学术机构研究以文献为主，即使用到文物，也大多是引以为证。而博物馆的藏品研究则大多以文物为中心展开，对其产生、传承、功能、形态、材质、纹饰、图案等等从多方面展开研究，深入挖掘文物的历史价值、文化价值、审美价值、科技价值以及时代价值。这种研究固然需要具备深厚的历史背景和扎实的专业功底，但研究的对象始终是以物为中心，在这个过程中展现出广博的学科视野和深厚的知识储备，旁征博引，求真解谜，以释其真、其美、其重要，而由此得出的结论总脱不开物之真伪，并据此达到以物证史、以物释史、以物说史之目的。有物则说话，无物则不说话，有多少物则说多少话，至于由此物进行复杂的逻辑推演并获致更大范围内适用的结论，这在大多数情况下不是博物馆藏品研究的特点。从这个意义上来说，博物馆有多少藏品就会有多少研究专业或研究方向，每一件藏品的研究都是独一无二的，藏品研究的结论在很多情况下和很大程度上都只是对人类旧有知识或佚失知识的再发现，所以，要为人类知识宝库增加新的知识的话，就还需要通过上升到更高层面，比如历史学、艺术学等等来提炼或者归纳。因此，尽管博物馆藏品研究是学术研究的一个大类，研究领域、研究方向或者说研究课题纷繁复杂，但藏品研究本身并不构成一个独立的学科体系。这个结论对于文物学这个概念也是适用的。博物馆藏品大多属于文物，关于文物的研究可以用文物学来指称，但文物种类千差万别，对文物的研究缺乏一个共同的理论基础，试图用文物学这样一个大筐把博物馆藏品研究纳入其中，以此论证文物学作为一个学科存在的科学性，在很大程度上是难以成立的，因为大多数情况下文物之间的联系是偶然的而非必然的。

另一方面，在博物馆从事的科学研究大多是跨学科研究。对任何一件馆藏品的研究，都可以从多角度、多维度来进行把握，涉及自然科学和社会科学、工程技术等诸多学科领域，涉及历史学、美学、艺术学、理学、工学等各个学科门类的知识。举例言之，同样是研究大盂鼎，高校科研院所可能会将视角主要集中于器型、铭文或其功用之上，着眼于审美价值和历史价值；博物馆专家学者则需要从材质、工艺、纹饰、铭文、递藏过程等多维度来把握，需要科技史、文化史、文字学等多学科支撑，只有这样才能全面立体地展现大盂鼎的历史价值、文化价值、审美价值、科技价值和时代价值，向社会公众传达"国之重器"应有的教化意义。与此相适应，博物馆的学术研究是有明确应用指向的，研究成果要服务于博物馆的各项业务工作。围绕藏品进行研究是博物馆研究的基础，科研工作目标方向就是要以促进藏品征集、藏品保管、文物保护、展览策划、社会教育、公众服务、新闻传播等业务工作为导向，实现科研成果的直接转化。正因为如此，博物馆藏品或者说文物研究人员往往被称为专家而不是学者，因为相对于理论探索来说，博物馆藏品研究更多地是应用研究或者开发研究，虽然做的许多工作是基础性工作。

相比之下，博物馆学确实是一门综合性学科，关于博物馆学的研究可以从多个维度来展开，比如社会学、传播学、展览学、设计学、管理学、文化学等等。从我国的情况来看，博物馆学在形式上已经具有了作为一门成熟学科的主要条件，包括拥有中国博物馆协会这样一个学术组织，办有一批以博物馆为主题的专业刊物，而且南开大学很早就设立了博物馆学专业并且开始招生，甚至也定期进行博物馆定级评估并给予相关奖励，但作为一门生存和发展于历史学与考古学夹缝之中的交叉学科，博物馆学对自身的学科属性和专业定位长期模糊不清，学术研究也很难深入，这种复杂情况既可以在博物馆相关刊物的论文结构分布中清楚地看出来，也可以在专业基础对学生的就业方向影响不是特别显著这一方面呈现出来。之所以如此，一个重要原因就是博物馆研究缺乏符合博物馆实际而且特有的共同理论基础，在研究中要么主要是工作介绍，要么是经验归纳，既缺乏深入的理论挖掘，也缺少给人以启迪的思想提炼，以至于在全社会形成博物馆热的良好氛围之下，关于博物馆学的研究仍然冷冷清清，缺乏高度启示性、理论性的优秀学术著作，博物馆学相关研究成果对博物馆实际工作的指导作用也乏善可陈。因此，建设和发展中国特色博物馆学已是极为紧迫的。

关于建设中国特色博物馆学，王宏钧先生主编的《中国博物馆学基础》当属开山奠基之作，苏东海先生的《博物馆的沉思》等也进行了深入的思考和探索，但前者偏重于博物馆业务实践的归纳提炼，可称为博物馆微观管理学；后者偏重于博物馆事业发展的思辨和思考，属于博物馆一般理论。那么，中国特色博物馆学的理论基础到底是什么？这实际上是缺乏充分共识的。我个人认为，博物馆学的理论基础既可以是传播理论，也可以是知识管理理论，其核心包括以代际传承为主要内容的纵向传承和以展览为载体的横向扩散，当然随着网络信息技术的发展又有了赛博传播，从某种意义上可以说，博物馆的全部工作都是围绕着这三个维度展开的。以纵向传承来说，相关的研究包括藏品征集、藏品管理、库房管理、文物保护、藏品修复等，其中藏品的真伪之辨、新修之变、修旧如旧等实际上是要解决知识的确定性问题；以横向扩散来说，相关的研究则有展厅管理、展览策划、展览设计、展览制作、社教讲解、媒体传播、文化创意、国际交流等，其中的展览—传播—国际交流在形式上是社会教育，在实际上则是要解决知识的有效流动及其效率问题；以赛博传播来说，相关的研究则有博物馆信息技术、数据管理、在线展览、虚拟展厅、网络媒体、舆情监测、形象管理等，其中的数据、网民等实际上既是知识流动问题，也是网络信息时代博物馆形态变化的大背景下文物—观众关系发生时空转变的问题。而为了做好这些工作，中国特色博物馆学还应该有相应的基础工作，包括观众服务、设备管理、人力资源管理、财务管理、后勤管理、场馆运维、安全管理，以及涉及博物馆宏观管理的博物馆标准体系、博物馆政策法规等等。当然，也有学者提出要建立博物馆的知识图谱，这个问题值得商榷，因为历史上留下来的各种物质文化遗存是高度随机的，有时关于这些物质文化遗存的知识也是高度不确定的，而知识图谱需要在不同知识概念之间建立强逻辑联系，要把这样两种不同属性的事物融合起来，是需要超长时间的知识积累和研究支撑的，因而在效果上和方向上是难以实现的。

# 四

我们建设中国特色博物馆学，必须了解世界博物馆发展的总体趋势；我们创建世界一流博物馆，也必须把握世界一流博物馆的共同特点。在这方面，总的信息数据和研究基础都不那么令人满意。比如说，关于世界博物馆总量，一直没有准确数字，据估算在20世纪30年代约有7 000座，70年代中期增加到2万多座，到80年代增加到8.5万座左右。但依据《世界博物馆》（*Museums of the World*）2012年版对202个国家的统计，博物馆数量为55 097座。根据联合国教科文组织的研究报告，2020年全世界的博物馆数量自2012年以来已增长了近60%，达到约9.5万家。2021年4月，联合国教科文组织以同年3月开展的在线调查所得数据为基础，报告了全球10.4万家博物馆现状。不同来源数字的差距之所以如此之大，主要是不同机构对博物馆的界定标准千差万别，统计报告的范围各不统一。总体上看，博物馆界倾向于从严控制范围，因而得到的数字小些；而联合国教科文组织倾向于从宽掌握范围，所以得到的数字大些。无论如何，世界各国博物馆数量呈现出持续增长的趋势，这既说明博物馆在承担国家文化政策功能方面的地位日益突出，也反映了经济社会发展为博物馆建设提供的支持更加强劲有力。

然而，博物馆数量的增长并不等同于质量和水平的提升，后者主要通过博物馆结构反映出来，而其中最重要的指标就是世界一流博物馆的数量与影响力。尽管博物馆形态多种多样，规模属性不一，但究竟什么样的博物馆才是世界一流博物馆，从来没有一个准确的界定，主要是出自口碑，包括观众评价或业界评价。一般来说，要成为世界一流博物馆，需要在多方面达到世界一流水平，比如藏品水平、研究水平、展览水平以及社会教育水平、综合运维、社会影响等等，它们共同构成世界一流博物馆的基本指标体系。

其一，藏品规模大。世界一流博物馆一般都具有藏品丰富的突出特点，不仅数量多，而且质量好、价值高，拥有一批举世公认、人人希望一睹"芳颜"的稀世珍宝，这些珍宝或者是历史文物，或者是艺术品。纽约大都会艺术博物馆、大英博物馆、艾尔米塔什博物馆、卢浮宫博物馆等世界闻名的一流博物馆，其藏品规模都在数十万乃至百万件以上，比如大英博物馆拥有藏品800多万件，来自埃及的罗塞塔碑、法老阿孟霍特普三世头像以及来自中国的《女史箴图》等堪称明星级珍贵藏品；法国卢浮宫博物馆拥有藏品近50万件，其中断臂维纳斯雕像、《蒙娜丽莎》油画和胜利女神石雕被誉为"世界三宝"；纽约大都会艺术博物馆藏品超过150万件，仅15世纪至今的世界各地服装即超过3.3万件；艾尔米塔什博物馆拥有注册藏品318万多件，包括达·芬奇的《利达圣母》与《持花圣母》、拉斐尔的《圣母圣子图》和《圣家族》、提香的《丹娜依》和《圣塞巴斯蒂安》、伦勃朗的《浪子回头》、鲁本斯的《酒神巴库斯》等等。这些博物馆大多历史悠久，藏品丰富，质量水平突出，形成馆以物名、物以馆重的良性互动机制。

其二，综合性博物馆。世界一流博物馆大多是综合性博物馆，其藏品结构和业务方向既要有历史性，也要有艺术性，还要有文化性，但总体上看历史文化是主基调、主旋律、主方向。比如，纽约大都会艺术博物馆的藏品就包括各个历史时期的建筑、雕塑、绘画、素描、版画、照片、玻璃器皿、陶瓷器、纺织品、金属制品、家具、武器、盔甲和乐器等，其展览涉及的范围更广。艾尔米塔什博物馆的藏品包括1.7万幅绘画，1.2万件雕塑，62万幅版画和素描作品，近81万件出土文物，近36万件实用艺术品，超过112万枚钱币，以及古代家具、瓷器、金银制品、宝石等。俄罗斯国家历史博物馆不仅拥有500多万件藏品，比如超过50万年的旧石器时代物品、远古时代的巨大象牙、俄国最早的楔形文字记录与武器发展等，以及反映现代俄罗斯历史变迁的重要展览物，还有1 400多万份文档资料。由此可见，不管名字为何，世界一流博物馆肯定不应该是专题性博物馆，而是综合性博物馆，它们应该都能够进行宏大叙事，构建完整的话语表达体系，对公众起到教化作用。

其三，展览形态多样。作为公共文化机构，博物馆最重要的公共文化产品是展览，最核心的竞争力是策展能力。能否持续不断地推出在社会上产生巨大影响力的现象级展览，这是判断一座博物馆绩效水平的重要指标。世界一流博物馆无不以展厅多、展览多见长，有些博物馆建筑本身就是精美的展品。举例来说，卢浮宫拥有403个展厅；奥赛博物馆拥有80个展厅；大英博物馆则有60余个常年对外开放的固定展馆，有的展馆涵盖了多个展厅；纽约大都会艺术博物馆拥有248个展厅，常年展出服装、希腊罗马艺术、武器盔甲、欧洲雕塑及装饰艺术、美国艺术、古代近东艺术、中世纪艺术、亚洲艺术、伊斯兰艺术、欧洲绘画和雕塑、版画、素描和照片、现当代艺术、乐器等，另外还有一些临时展览；艾尔米塔什博物馆拥有10座建筑、500多个展厅，其陈列展览既有宫廷原状陈列如沙皇时代的卧室、餐室、休息室、会客室等，也有专题陈列如金银器皿、服装、武器、绘画、工艺品等，还有既保留原状又有所改变的陈列，比如在原物之外又增加了许多展品。一般来说，这些展览都展示了人类历史上不同时期的艺术瑰宝，琳琅满目，恢宏大气，充分体现出各个时代的代表性技艺和艺术水准。

其四，具有强大话语权。世界一流博物馆的话语权主要在于强大的文化解释权，包括学术话语权和文物释读权，其基础在于丰富的研究资源和雄厚的研究实力，而来源则是强大的研究力量。无论在藏品征集鉴定、学术研究、展览展示、国际联络等方面，还是在教育传播、文创开发、安全运维、综合管理等方面，世界一流博物馆都拥有一批业内公认的顶尖专家和学术领军人才，他们在业内有学术影响力，在公众中间有社会影响力，在许多方面能够起到一锤定音的权威作用。他们在专业学术刊物上发表文章，在专业学术会议上发表演讲，在专业学术团体中拥有重要位置，在公共媒体或自媒体上不断发表观点，而在这些情况下，他们都会引起业界和公众的广泛关注，并加上引用、转发和传播，成为有关研究和宏观决策的重要依据。一定意义上，他们是权威专家，他们的声音就是比普通员工有更大的传播声浪。比如说，在藏品征集或文物定级中，他们的观点可能直接决定着博物馆是否会征藏某件文物，或者一件文物被定级为珍贵文物还是普通参考藏品。

其五，具有行业引导力。世界一流博物馆之所以具有行业引导力，主要是由四个因素决定的：一是站得高，即世界一流博物馆在看事情、想问题、作决策时，绝不仅仅从本馆的角度出发，而往往是从人类历史文化或者是艺术发展的角度来作判断的，具有更高的历史站位和专业站位；二是看得远，即世界一流博物馆的决策更具有战略性，既要立足当下，更会着眼长远，对其征藏、展览、研究、人才、传播等行为的社会影响更加看重一些，挖掘得更深更细一些；三是想得透，也就是对世界与社会发展大势、行业发展主流形态、面临的突出问题、解决的具体举措以及未来的发展方向等有着更加深入的思考，不断推出新思想、新理念，凝练提升为新模式、新方案，形成业界共识，起到引领示范作用；四是做得好，即世界一流博物馆不仅有行动指南，更重要的是有具体落实行动，把蓝图变成现实，成为人人看得见、摸得着、享受得了的具体成果，而且这些行为又是可学习、可借鉴、可模仿的。就其本质来说，行业引导力主要是思想引导力、理念引导力，归根到底也是学术引领力。

其六，具有国际性的社会美誉度。世界一流博物馆普遍具有较高的社会美誉度，而且这种美誉度是跨行业、跨区域甚至也是国际性的。我们说一家博物馆具有较高的社会美誉度，主要是从这样几个方面来把握的：一是它的业务工作大多达到了较高的专业技术水平，比较规范，也比较专业，能够得到业界专家的高度评价和认可；二是它所推出的公共文化产品和服务具有较高的质量和水平，无论是展览展示还是观众服务或者是文创传播，都能得到社会公众的广泛认可和好评，在媒体上或者观众心目中都有比较好的口碑；三是运维管理安全有序，能够高质量完成委托交办的任务，履职尽责到位，为政府管理的绩效评价增光添彩，实现社会效益和经济效益的高度统一，得到政府部门的充分认可和高度评价；四是在国际上有较高的知名度和美誉度，国外的社会知晓率较高，在观众构成中国际观众占比较高，而且观众口碑较好，重复参观比例较高。

建成世界一流博物馆是一项长期任务，不是三两年建起一座大楼就可以了的，需要持续不懈地在软、硬件和社会环境营造上下大功夫，特别是在博物馆管理的理念与理论基础上应该形成自己的特色特点。好的博物馆应该是有品格的，也是有性格的，国家特色、时代特征、自身特点共同塑造了优秀博物馆的气派和风格。当今世界正处在一个大发展、大变革、大调整的时代，博物馆在推进人类社会发展中的地位和作用从未像现在这样凸显，博物馆之间的交流合作从未像今天这样频繁密切，博物馆从业人员既要关注自身的发展，也要从更广阔的视野来深入思考博物馆的社会功能，准确把握博物馆发展的新特征、新变化，主动回应博物馆发展面临的挑战，在时代巨变的洪流中持续探索博物馆发展的方向和重点。只有这样，我们才能够完成建设一批世界一流博物馆的历史任务和使命。

# 五

无论是建设中国特色博物馆学，还是要创建世界一流博物馆，首先需要中国本土各级各类博物馆的积极探索和丰富实践，同时也需要广泛充分吸收外国博物馆界的理论成果与经验积累。中国国家博物馆作为国家最高历史文化艺术殿堂和国家文化客厅，历来重视学术研究，把研究立馆作为办馆方针的重要内容，把建成具有世界影响力的研究中心作为发展的重要方向，努力以扎实的学术研究推动构建与国家主流价值观和主流意识形态相适应的中华文化物化话语表达体系，引导人民群众增强历史自觉、坚定文化自信，推动中外文明交流互鉴。组织翻译《中国国家博物馆国际博物馆学译丛》（以下简称《译丛》），就是要坚持全球视野、专业视角，面向世界一流水平，以兼收并蓄、海纳百川的宽广胸怀，分享世界博物馆学研究动态，推介前沿学术成果，借鉴优秀实践经验，助力中国博物馆学的理论创新和建设发展实践，推动构建中国特色、中国风格、中国气派的博物馆学学科体系、学术体系和话语体系，为新时代博物馆事业高质量发展作出积极贡献。总体来看，这套译丛至少具有以下三个特点：

一是系统性。《译丛》主题涉及博物馆工作的方方面面，既有关于博物馆学理论基础的，也有关于策展实践的；既有关于展览设计的，也有关于文物保护的；既有关于博物馆运维管理、藏品保护的，也有关于博物馆数字化、公共教育等领域研究成果的，同时凸显博物馆学多学科交叉融合的特点。在研究方法上，《译丛》兼顾当代博物馆学发展的规范性、理论性、反思性、趋势性等特征，选取了部分将博物馆学这门人文学科与更广泛的社会背景联系起来的研究成果，涉及全球变暖、殖民主义、种族主义、可持续发展等更为复杂的社会问题，集中反映了当下多元文化共存的复杂社会环境和大范围深层次的创新变革下，博物馆学的研究对象和研究范式随着博物馆功能、职责和定位的拓展而发生的转变。从这个意义来说，无论对于博物馆工作实践还是博物馆学研究，《译丛》都具有很强的针对性和启发性。

二是探索性。《译丛》的学术研究特点非常突出，不是从概念到概念、从范式到范式，而是从不同作者的研究视角出发，结合博物馆的工作实际展开探讨，而这样一些主题，如策展伦理问题、策展手册、策展人的角色以及公众参与、数字化建设等，通常很少出现在纯粹的学术性论著之中。以策展为例，尽管大家一致认为在博物馆实际工作中，策展人扮演着非常重要的角色，他们关于历史文物或艺术作品的展览解读对大众思想起着非常重要的引导作用，但他们到底该如何发挥自身作用，包括在数字时代如何应对来自展示、传播、版权、媒体等方面的严峻挑战，始终没有一个明确结论。事实上，这不仅仅是一个理论问题，更是一个迫在眉睫的实践问题，必须结合博物馆工作实际不断加以总结提炼，而开放探索、创造新知恰恰是本《译丛》的鲜明特色。

三是开放性。《译丛》不仅选择的主题是开放的、研究的方法是开放的，而且叙事方式也是开放的，这在其中两本书中有突出体现。一本是关于自然博物馆中策展人的故事，阐明了自然历史展览策划中一些鲜为人知的理念思考和实践探索，实际上反映了《译丛》主编对于博物馆范畴的思考；一本是关于数字时代博物馆发展的研究探讨，展示了作者在网络信息技术和数据技术飞速发展的时代背景下，对博物馆面临的各种挑战以及应对策略的探索，实际上也反映了《译丛》主编关于博物馆核心理念到底是文物、观众还是技术的一些深层思考。一定意义上说，正是由于《译丛》不仅包含最新基础理论著作，也涵盖与实践紧密相关的应用研究，收录著作体裁十分丰富，包括研究专著、学术论文集、文献综述、演讲集，以及普及性读物，从而把研究的开放性与阅读的趣味性有机结合了起来，既能满足博物馆从业者和研究人员的需求，也适合一般博物馆爱好者阅读，进而形成了读者对象的开放性。

《译丛》的出版凝聚了国内文博界"老中青"三代的力量，规模之大，在我国博物馆行业尚属少见。在这套丛书的策划过程中，潘涛先生不仅有首倡之功，而且多次推荐重要书目，出力不少；中国国家博物馆的多位中青年学者勇敢承担起翻译工作，他们的贡献和辛苦已经以译者的形式予以铭记；一些国内资深博物馆专家和高校学者多番审校，其中有颇多学界前辈不顾高龄、亲力亲为的身影，他们的学术精神和敬业作风令我们甚为感动；还有一些学者承担了大量繁琐的幕后组织工作，虽未具名，但他们的贡献也已深深地凝结在了《译丛》之中。需要说明的是，《译丛》收录的首批著作都是在 2020 年之前完成的，当时几乎没有研究者关注到类似新冠疫情大流行之类问题对博物馆行业的重大影响，这一缺憾我们将在后续翻译出版工作中予以弥补，到时会适当关注全球疫情影响下的一些重要研究成果。衷心希望《译丛》的出版能够为中国的博物馆学研究和博物馆事业发展贡献一份力量。当然，由于水平有限，译本中难免会存在这样那样的错误和疏漏，真诚欢迎广大读者批评指正！

　　是为序。

2023 年 8 月于北京

献给格斯

彩图 1　青花英式银托架执壶，中国，明万历年间（1573—1620 年），约 1610 年在英格兰安装
托架。

梅达德·W. 韦尔奇夫妇捐赠，1966.133，芝加哥艺术博物馆藏。

芝加哥艺术博物馆图片版权所有

彩图2　嵌护身符的织物，19世纪晚期，彩绘平纹棉布，护身符：动物皮革，以皮绳固定。
非洲和美洲购藏基金，2000.326，芝加哥艺术博物馆藏。

彩图3 药师佛唐卡，中国，西藏，13世纪或14世纪，彩绘描金棉布。

凯特·S.白金汉基金会，1996.29，芝加哥艺术博物馆藏。

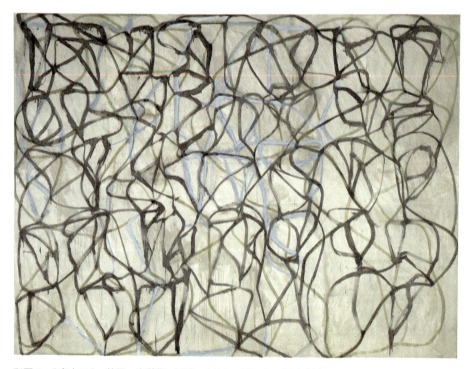

彩图 4 《寒山二》，美国，布赖斯·马登，1989—1991 年，亚麻布油画。

霍伦尼亚购藏基金，1992 年，为纪念约瑟夫·H.赫什霍恩制作，美国华盛顿赫什霍恩博物馆和雕塑园藏。

布赖斯·马登／纽约艺术家版权协会版权所有。

马修·马克斯美术馆供图

# 图版说明

## 彩图

1.匿名，青花英式银托架执壶（约 1610 年）

2.匿名，嵌护身符的织物（19 世纪晚期）

3.匿名，药师佛唐卡（13 世纪或 14 世纪）

4.布赖斯·马登，《寒山二》（1989—1991 年）

## 插图

1.匿名，青花花鸟纹盘（14 世纪初）

2.匿名，锡釉陶罐（1700—1750 年）

3.安东尼奥·卡诺瓦，美杜萨头像（约 1801 年）

4.芳人头像（19 世纪中期）

5.埃多人战争首领铜板（16 世纪或 17 世纪）

6.约翰·辛格·萨金特,《意大利弗拉斯卡蒂,托洛尼亚别墅的喷泉》（1907 年）

7.匿名,菩萨立像（2 世纪或 3 世纪）

8.布赖斯·马登,《禅的习作：寒山系列之一》（1990 年）

9.布赖斯·马登,《禅的习作：寒山系列之三》（1990 年）

10.布赖斯·马登,《寒山一·道》（1988—1989 年）

# 博物馆的重要性

　　现在是周四下午 4:30。从我的办公室向外望去，几十个人正排成一队，等待进入芝加哥艺术博物馆（Art Institute of Chicago）。博物馆 6 个小时前就已经开馆，等候的人群完全可以像其他观众一样当时就进入。不过，每周四从下午 5 点开始，博物馆都会允许观众免费入馆，这就是那些人在此等候的原因。在 30 分钟以后的 3 个小时里，我的窗外将会迎来数千名观众，他们来自各个年龄层，有着不同的兴趣爱好，不同的民族、宗教、社会和经济背景，有些人是博物馆的常客，有些人可能没有多少准备，但大家来到这里都是为了欣赏艺术作品。

　　在接下来的一年里，将会有近 200 万人来芝加哥艺术博物馆参观，这是一个惊人的数字。生活是辛苦的，人人都在忙碌。今晚来博物馆参观的人或许已经干完了一天的工作，填饱了家人的肚子，然后乘坐火车、地铁、公交车或者开车来到市中心。他们或许很疲惫，但还是来到了博物馆。附近也有免费的文化活动场所：马路对面的千禧公园（Millennium Park）内有互动艺术装置和免费音乐厅；更远一点的巴特勒广场（Butler Field）每周都有户外电影放映，也会经常举办音乐节；博物馆周边的格兰特公园（Grant Park）有大片的空地，人们可以在那里散步、骑车、游戏、野餐。那么，此刻人们来到博物馆的目的是什么呢？周末，当博物馆收取门票而其他场地免费开放的时候，为何还会有人来到博物馆参观呢？本周末以及每一个周末，大约会有4万人舍弃其他机会和事务，前来博物馆参观，这又是为什么呢？

我们会说，是为了满足好奇心；为了接受教育、获得启迪；为了好玩、消遣、舒适感、安全感、群体归属感；为了欣赏美好或新颖独特的事物；为了扩展世界视野，感知自身作为漫长而又丰富的人类生存史的一部分。

我们用什么来回馈观众呢？我们用藏品——在展出时会提供说明牌，帮助观众了解展品信息，并配有语音导览或志愿者讲解，介绍展品的创作者、创作年代、主题、在艺术史上的地位以及不可忽略的展品真实性。我们会举办特别展览，聚焦某位艺术家、某个艺术时期、某个特定主题或地域文化，将来自不同收藏地的艺术作品汇聚在一起，以这种特殊的方式呈现给观众。有时候我们还会举办讲座、音乐会、电影放映、文学活动或教育研讨班，进一步丰富观众对馆藏的体验——这些馆藏全部都是艺术作品。

过去25年来，艺术博物馆变得异常受欢迎。据《艺术新闻》(*Art Newspaper*)统计，2009年最热门的30个展览吸引了12 361 882人次，而据北美艺术博物馆馆长协会(Association of Art Museum Directors)统计，2009年，排名前100的博物馆参观总人数达到4 200万。[1]博物馆也屡屡成为学者们审视和评判的对象，那些评论大多直言不讳。两位有影响力的学者写道："博物馆是参观者与国家进行象征性交易的场所。个人通过强化与国家之间的联系，来换取国家的精神财富。"[2]另一位学者套用福柯(Foucault)的话说，博物馆代替监狱，成为国家权力的工具："博物馆所体现的，不是威胁人民服从陌生而又强制的权力原则，博物馆把人民看作公众和公民，把普罗大众置于权力的一侧，让权力展现得仿佛与博物馆融为一体，以此来诱导人民与权力为伍。"[3]

后面我会讨论包括这些人在内的博物馆评论人士。这里我只想指出他们直截了当的观点，即博物馆对参观者拥有控制权和权威，博物馆这么做是在为国家、为以西方为中心的世界观服务。在他们看来，在我窗外那些排队等待进入芝加哥艺术博物馆的人以及今年即将到来的几十万乃至几百万观众，都是我们所操控的一场仪式化体验的参与者，他们来到芝加哥艺术博物馆，参观展厅，欣赏艺术作品，就处于芝加哥市政治金融精英的霸权掌控之下了。在博物馆，他们的国家使命被加强了，并被拖入一场交易之中。

这样的评论太过离奇了，我们会毫不犹豫地给予反驳，然而，它在日益火热的文化研究和博物馆研究学科领域却有着很大影响。[4]

在本书中我主张，百科全书式的博物馆绝不是什么国家机器，恰恰相反，百科全书式的博物馆反对基于国家的本质化（essentialized）的文化身份认同，拥护世界主义的文化身份认同，因为后者承认并展现了文化的真相：文化没有政治的边界，文化永远都是动态、混合的，产生于不同人群的沟通与交流之中。百科全书式的博物馆尊重参观者的个人自主性（individual agency），允许他们追随个人兴趣，让某件感兴趣的艺术作品促使他们思考，激发惊喜、挑战和灵感：为什么作品是这个样子？它是如何诞生的？它出自谁之手？又来自何方？对于最先见到这件作品的人而言，它的目的与意义何在？在作品入藏博物馆之前和之后，见过这件作品的人对作品的目的与意义又有着怎样的解读？

芝加哥艺术博物馆成立之初便是一座百科全书式的博物馆。博物馆成立于1879年，在20年的时间内，其馆藏就已囊括了古希腊、伊特鲁里亚、古埃及和古罗马的艺术品，日本牙雕，印度和亚洲其他地区的织物，中国的青铜器，叙利亚的玻璃器，美国本土的草编工艺品，以及欧洲、美国的绘画和雕塑。几年后，非洲和西亚地区的艺术品也加入进来。

建设百科全书式的博物馆馆藏，在某种程度上是对大规模的人口涌入、导致芝加哥经济和人口快速增长作出的回应。1837年，芝加哥建市时人口只有4000人，仅用了20多年时间，这里就建成了运河和铁路系统，连通了广阔的内陆与五大湖。1854年，芝加哥成为世界的主要粮食港口。随后的70年间，这里一跃成为美国州际贸易中心、美国最活跃的制造业中心及收割机厂、铁路炼钢厂和家具制造厂的大本营，此外，肉类加工、酿酒、印刷和出版等行业也欣欣向荣。到了19世纪、20世纪之交，芝加哥成为全美发展最快的城市，人口翻倍增长，从1880年的50万多一点，升至1890年的100万，1910年突破了200万。当时，在美国和欧洲地区，芝加哥的人口规模仅次于纽约、伦敦、巴黎和柏林。[5]

充足的就业岗位吸引着形形色色的人群到来，第一批移民来自爱尔兰、英国和北欧，特别是德国，之后又有大量波兰人、捷克人、塞尔维亚人、克罗地亚人、希腊人和中国人来到芝加哥。1860年，芝加哥的人口中有一半系国外出生；1890年，这一比例达到79%。这座年轻的城市一时间无力应对如此快速扩张的多样化人口规模。芝加哥的城市和社会基础设施建设不足，住房体系一片混乱，公共卫生设施服务捉襟见肘，成片的贫民区缺少排污系统。没有公共游乐场地，没有公共浴室，也没有图书馆分支，接受公共教育的机会十分有限。不同年龄层的工人都收入微薄，他们不得不拼命干活。1886年，全市举行了罢工，有人向无政府主义者组织的集会上扔了一枚炸弹，造成数十人丧生，数百人被逮捕。

芝加哥也在努力适应新形势：快速增长和变化的人口，各种各样的语言和习俗，相互隔阂的生活区，差劲的生活条件。这些多语言、多民族的人群生活工作于混杂而又困苦的环境之中，带来五花八门的宗教习俗。如何在他们当中塑造一种共同的市民身份认同呢？

办法之一就是，建造一座向所有人开放的文化机构。1906年，建筑师丹尼尔·H. 伯纳姆（Daniel H. Burnham）受芝加哥商人俱乐部（Merchant's Club，后来与芝加哥商业俱乐部 [Commercial Club of Chicago] 合并）之托，制定了芝加哥城市总体规划。1909 年公布的《芝加哥城市规划》（Plan for Chicago）提出了大胆的城市改造方案，包括在全市各处及临湖平地修建公园。在位于市中心的公园内，即规划所说的"芝加哥的心脏地带"，伯纳姆构想了一片公共知识的场地，包括一座艺术博物馆（芝加哥艺术博物馆）、一座自然历史博物馆（菲尔德博物馆 [Field Museum]）和一座大型公共图书馆。这些机构在芝加哥的老城核心区集体亮相，展现了世界各地的艺术、文学和科学成就。老城核心区所在的城市轴线上，建有宏伟的市中心大楼，繁华的商业区和各类公共聚会场所也近在咫尺。在伯纳姆的设想中，这些公共机构将会使芝加哥和芝加哥的市民变得高雅，为芝加哥的"城市团结精神"锦上添花。[6]

芝加哥交响乐团（Chicago Symphony Orchestra，1904 年迁入芝加哥艺术博物馆对面的交响大厅 [Symphony Hall]）、谢德海洋馆（Shedd Aquarium）和阿德勒天文馆（Adler Planetarium）（后两者位于菲尔德博物馆附近，分别于 1929 年和 1930 年开馆）后来也加入其中。这些公共机构收藏并展示世界多样文化，向参观者介绍丰富多产的自然界和浩瀚无垠的宇宙，致力于为日益多样化的人群服务。根据 2000 年的人口调查，拥有欧洲血统和非洲血统的芝加哥居民比例分别为 42% 和 37%，拉丁裔占据国外出生的芝加哥居民的大部分（56%），同时也是全市人口中增长最快的部分（相比 1990 年增加了 38%）。芝加哥的外国出生人口在全美排名第五，墨西哥裔人口排名第二（仅次于洛杉矶），波多黎各裔人口在美国大陆排第二（仅次于纽约），南亚裔人口排第三（仅次于纽约和旧金山），希腊裔人口位居世界第三。现在，西非也在向芝加哥移民，特别是尼日利亚和加纳。此外，罗马尼亚人、叙利亚人、埃塞俄比亚人和索马里人也来到芝加哥。芝加哥仍有 22% 的人口的出生地是国外（是全美平均值的两倍），总人数不少于 25000 人的民族超过 26 个，使用人数不少于 1000 人的语言超过 40 种。[7]

共同的市民身份认同不会是一成不变的。新一波的移民不断到来；来自不同民族的人杂居并通婚；经济状况持续变化；一代人的居住解决方案总是被新的方案所取代；受教育的机会发生改变，而且愈发复杂；我们也承认，文化身份认同一直处于不确定的状态，需要不停地解决、再解决。不过，芝加哥艺术博物馆执着于一个理念，那就是，通过无偏见地展示来自世界多元文化的艺术作品，不仅可以让参观者认识时间和空间上距离他们遥远的文化，也可以认识他们身边的芝加哥各群体的悠久文化。这样一来，他们就有了群体感和归属感，获得一种焕然一新的芝加哥公民身份，还可加入他们自己所主张的历史身份认同。

我相信，这就是百科全书式的博物馆的使命：作为自由的、世界主义的机构，百科全书式的博物馆鼓励认同世界中的他者，认同共通的人性、共有的历史和共同的未来，更应强调共识。

在接下来的第一章中，我将深入讨论这一使命，从百科全书式博物馆的发端，即作为启蒙机构的大英博物馆（British Museum），到今天后殖民时代百科全书式博物馆的现有形态。我认为，启蒙运动原则仍然适用于今天百科全书式的博物馆，包括收集"关于世界的事实"（在芝加哥艺术博物馆的语境下指艺术作品）并分类、编目和展示；审视未经验证的真理，反对偏见和迷信；相信个人拥有自主性；坚信艺术与科学有着千丝万缕的联系；相信严谨的智识探索终将引向关于世界的真理，为人类进步造福。我也会反驳当下把启蒙思想和启蒙机构贬低为殖民事业的观点——有人认为，是欧洲（现在说"西方"）对世界的统治促成并强化了这一事业——因为启蒙运动告诉我们，要审视一切思想和证据，质疑其不可辩驳的真实性，就连启蒙运动原则本身都可以去质疑。康德（Kant）说过："我们生活在批判的时代，没有什么可以免于批判。"[8]

我还会反驳时下正流行的学术评论，即博物馆是国家和强制力用来宣扬金融和政治精英霸权的工具。博物馆是向所有人开放的公共机构。我们邀请参观者来到博物馆，允许他们自由漫步，随意参观我们的藏品，并被单个的艺术作品所吸引，是参观者而不是博物馆决定了博物馆藏品体验。尽管我们可以把他们的参观体验称为"叙事"（narratives），但这种体验不构成"元叙事"（metanarratives），也就是对历史经验或知识的综合性解释。艺术作品纯粹而稳固的事实属性不支持这样的叙事夸张。

　　我把在百科全书式的博物馆里的参观体验与旅行、旅行文学和翻译相类比。罗克珊·尤本（Roxanne Euben）①研究了伊斯兰旅行者的早期游记，她的研究给了我启发："有的文字反映乃至再现了迁移，特别是那些通过一连串的故事，用恐惧、震惊和失落感向读者生动展现迁移经历的文字，以曲折的方式调和着'熟悉'与'陌生'之间的关系。对于那些不愿或无法旅行的人来说，这些文字是宝贵的资源，部分原因是，它们唤起了对别样生活方式的想象与思考。"⁹第三章中我提出，将"外国"艺术作品转移至新地点和新环境中是一种积极作为，借用伊迪丝·格罗斯曼（Edith Grossman）②的一段话："翻译总是有助于从另一个角度认识和观察事物，给曾经陌生的东西增添新的价值。对于国家／民族（nation）、对于个人而言，这样的理解和深入思考是极为必要的。不用考虑其他替代品。"¹⁰我之所以引用这些学者的话，是因为我想强调，百科全书式的博物馆为思考文物之间的关系提供了最佳机会，能够有效地将简单化的文化本质论（cultural essentialism）的概念复杂化。近来关于世界主义的争论也可以充实我的观点——有人说，世界主义是毫无个性的抽象概

---

　　① 罗克珊·尤本是美国政治理论家、比较政治理论的开创性研究者，主要关注非西方和第三世界国家，著有《驶向彼岸：寻求知识的穆斯林和西方旅行者》等。——译者注（除另行说明外，均为译者注）

　　② 伊迪丝·格罗斯曼（1936—2023），美国文学翻译家，将大量西班牙文学名著译成了英文，包括塞万提斯的《堂吉诃德》、加西亚·马尔克斯的《霍乱时期的爱情》、马里奥·巴尔加斯·略萨的《公羊的节日》等，并著有《翻译为何如此重要》。

念，是民族激进主义（nationalist fundamentalism）的紧急替代品，也有人说，世界主义是一个被殖民主义遗产、被全球化导致的经济不平等不幸殃及的概念。

最后，在第四章中，我思考了本书的论点——百科全书式的博物馆是致力于"在同一个屋檐下"收集和展示世界多样艺术文化例证的世界主义机构，它可以消解对于世界的无知和迷信，促进对差异本身的包容。这一论点的背后，是后殖民思想的大语境，以及对百科全书式的博物馆提出的批评，即百科全书式的博物馆实际上是帝国隶属机构，是有钱有势的第一世界国家以牺牲欠发达的弱小国家（多为前者的殖民地）为代价，为自己而建造的。我参考了当代文学评论家爱德华·萨义德（Edward Said）①举的例子。他写道，他所从事的比较文学学科发源于欧洲帝国主义的巅峰时期，且无法回避与帝国主义的联系，该学科的目的是"摆脱褊狭的地方主义，用复调方式共同看待各种文化和文学"。萨义德指出："一个训练有素的比较文学学者实际上已经在相当程度上处在对简单化的民族主义和无批判的教条的斗争之中了。毕竟，比较文学的构成和最初的目的，是获得超越自己民族的观点，是去观察某种整体，而不是一个为自己的文化、文学和历史所提供的自我辩护的小小一隅。"[11] 在后记里，我思考了印度的殖民经历及其对印度艺术博物馆的影响，以及重要的百科全书式的博物馆在印度的缺失。

我希望能通过这些论证，部分回答本书开篇提出的问题：为什么有这么多人来到芝加哥艺术博物馆这一类博物馆？我想，是为了开阔视野，让陌生而又美好的新事物和在多语言、多民族的世界中遇到的差异

---

① 爱德华·萨义德（1935—2003），巴勒斯坦裔美国文学与文化评论家、政治活动家，同时也是出色的音乐家和钢琴家。他以社会—文化政治视角分析文学作品，并积极为巴勒斯坦人的政治权利代言。代表作包括《东方学》《巴勒斯坦问题》《世界·文本·评论家》《文化与帝国主义》《知识分子论》。

丰富自己的生活，人们所处的多语言、多民族的世界，不单单是全球化的世界中现代生活的一种境况，这种生活境况自从人类第一次走出自己所在的村庄、与陌生的人和文化打交道以来，便贯穿整部历史。这是百科全书式的博物馆的使命，也是确保其生存延续并鼓励新建的理由。这就是博物馆之所以重要的原因。

# 目 录

# 第一章 博物馆和启蒙运动

对现有事物进行全面审视，标志着理性主义现代性的开端。

——泽夫·斯汤奈尔（Zeev Sternhell）[1]

百科全书式的博物馆属于现代机构，诞生于现代欧洲早期发生的那场思潮。博物馆的建立者们同时也投身于启蒙运动，他们推崇理性探索，对公认但未经验证的真理持高度怀疑态度。这些最早的博物馆拥有各不相同的历史渊源。卢浮宫博物馆（The Louvre，1793 年开放）原本为皇室收藏，在法国大革命中转为国家所有，后来又在政治征服、经济影响、殖民占领和科学探索中发展壮大。艾尔米塔什博物馆（The Hermitage，1852 年开放）身为一座帝国博物馆长达 50 多年，之后变身为国家博物馆，其藏品的发展历程与卢浮宫极为相似。柏林的博物馆[①]最初不是一个整体，而是若干个在柏林市中心的博物馆岛上相互紧邻的博物馆。每座博物馆均由国家设立，得到了普鲁士国王以及后来的德意志帝国皇帝的赞助，它们有各自专长的地域、世界文化或历史时期，其中最早的一座叫老博物馆（Altes Museum），于 1830 年开放，最年轻的是一个世纪后才开放的佩加蒙博物馆（Pergamon Museum）[2]。

1753 年 6 月 7 日，大英博物馆在英国议会一项法案的基础上成立。博物馆的藏品没有王室或帝国背景，而是来自个人收藏，大部分得益于伦敦医生汉斯·斯隆爵士（Sir Hans Sloane）的贡献。[3]斯隆曾接替艾萨克·牛顿（Isaac Newton）担任英国皇家学会（Royal Society）会长，在其漫长的职业生涯中收集了种类繁多的标本，晚年则致力于为这些藏品

---

① 指今天的柏林国家博物馆（Staatliche Museen zu Berlin）。

编目。他亲自撰写或创建了46份目录，其中31份保存至今。斯隆的藏品享誉世界，1736年，瑞典植物学家卡尔·林奈（Carolus Linnaeus）在他的大作《自然系统》（Systema Naturae）出版一年之后，参观了斯隆的收藏。12年后，林奈的助手佩尔·卡尔姆（Per Kalm）详细记录了斯隆的收藏："一块打磨过的玛瑙，以最天然的状态展示了一次日食""东印度女性的挠背用具，象骨制成""一位中国成年女子穿的鞋，比两三岁瑞典儿童的鞋大不了多少""锯鳐的锯齿""西印度群岛国王佩戴的红羽毛头饰""响尾蛇蛇皮制成的标本"，336册皇家对开本形式的干植物标本册，每一页都密密麻麻贴满了植物标本，"5300册装订精美的医药和自然历史手稿""犰狳骨架""哈得孙湾的豪猪""埃及木乃伊""好望角斑驴""西印度群岛树皮船""古罗马等时期的各类古董"，以及放置于一座附属建筑中的"鲸鱼头"，诸如此类，不胜枚举[4]。

1753年斯隆去世，根据他的遗愿，受托人将斯隆的收藏捐献给了国家，"依据受托人制定的规章、制度和指示，应向所有希望亲眼见到并欣赏藏品的公众开放，以尽力满足其好奇欲，亦能提升素养，增长知识，开阔视野"。同年6月7日，英国国王乔治二世（George Ⅱ）首肯了《大英博物馆法案》（British Museum Act），同意接收斯隆收藏并建立大英博物馆。在《大英博物馆法案》中，有关斯隆心愿的条款写得简单明了："应维护博物馆或其所藏，不仅为满足学问之人和好奇人士参观消遣之需，更为公众的广泛用途和利益""应在此妥善保管，便于子孙后代公开使用""库房由本法案指定的董事及其继任者永久保管，在此信任基础上，一切渴求知识和好奇之人皆有权接近普通库房及库中所藏，不得收取费用"。大英博物馆的基本原则与斯隆的个人意愿是一致的，即"一切艺术与科学都有千丝万缕的联系，本博物馆或其所藏致力于促进提升自然哲学领域和其他纯理论知识分支的发现，为最实用的实验和发明提供帮助，并促成其实现"[5]。

大英博物馆的创建过程中有两个关键点。第一，尽管斯隆希望把藏品安置在伦敦，他还是嘱咐受托人，如果乔治二世拒绝接受公开展示藏品的条款，即为学习研究的目的而保管藏品，并向"一切渴求知识和好奇之人"免费开放，那么，这些藏品也可以捐给位于圣彼得堡、巴黎、柏林和马德里的皇家科学院。第二，尽管大英博物馆被定义为国家博物馆（national museum），归国家所有，而不是国王所有（英国议会借用了民法中"受托人"[trustee] 的概念，委任"董事"负责管理博物馆藏品①），它却并非一座国家主义／民族主义（nationalist）的博物馆。大英博物馆不负责颂扬英国或英国人光辉事迹的国家／民族叙事。与之形成对比的是，卢浮宫博物馆建立之初即明确了这一使命。1792 年 10 月，法国内政部长让－马里·罗兰（Jean-Marie Roland）致信接受委托负责创建卢浮宫的画家雅克－路易·大卫（Jacques-Louis David），信中这样写道："这座博物馆要体现出国家的博大精深……要不懈地将法兰西的光辉展示给各国人民：国家博物馆应拥抱多元而又美妙的知识，成为全世界崇拜的对象。通过体现这些为自由人民所有的伟大思想……博物馆将成为法兰西共和国最强有力的例证之一。"6

大英博物馆想要叙述的是关于世界的故事。自建立伊始，其藏品就代表了世界文化和自然现象的多样性，博物馆怀揣着百科全书式的梦想，收集、编目和展示这些藏品。（正如其现任馆长尼尔·麦格雷戈 [Neil MacGregor] 所言，很多参观者第一次来到大英博物馆，都会惊讶于馆藏中竟然鲜有英国本土的物品。）7

大英博物馆创建的原则及藏品的范围和特点，与启蒙运动中对科学的尊崇、对事实和知识的系统性分类保持了一致。早在一个世纪前，弗朗西斯·培根（Francis Bacon）就认为，了解世界唯一的科学方法是大量的观察，再从积累的事实中梳理出理论。随着探索和贸易的增长，世

---

① Trustee 一词本义为财产受托人。大英博物馆设有 Board of Trustees，为大英博物馆内部拥有博物馆事务最高决策权的团体，这里译为"董事会"，trustee 也相应地译为"董事"。

界的丰富多彩令人称奇，与之相关的事实大量涌现，培根的说法因此显得愈加必要。例如，如果说 1600 年大约有 6000 个已知的植物种类，那么到了 1700 年，这个总数翻了一倍，对于人工制品而言也同样如此。[8] 欧洲人接触到美洲人和亚洲人之后，在闻所未闻的事物和能力面前大开眼界。这里可以举一个早期例子：1519 年，阿兹特克（Aztec）国王蒙提祖马二世（Montecuhzoma Ⅱ）馈赠给西班牙征服者埃尔南·科尔特斯（Hernán Cortés）一些礼物，后者把它们带回马德里，献给赞助人西班牙国王查理五世（Charles Ⅴ）。1520 年，阿尔布雷希特·丢勒（Albrecht Dürer）在布鲁塞尔看到了展出的部分物品，他感叹道："我一辈子都没有见过如此激动人心的东西，这些精妙绝伦的艺术品，让我不得不佩服异国人民的聪明才智。"[9] 230 多年之后，当大英博物馆向公众敞开大门的时候，像这样的感叹只会有增无减。

1759 年在伦敦布卢姆斯伯里区（Bloomsbury）开放的大英博物馆藏品，和今天我们见到的博物馆藏品大不一样。[10] 当时，既有自然界物品，也有人工制品，它们都摆放得"井然有序"，包括解剖学标本，脊椎动物和无脊椎动物，矿物和化石，植物，硬币和奖章，文物（埃及文物与欧洲和英国史前文物、亚洲文物、中世纪文物是分开摆放的），民族学收藏，版画和素描，书籍和手稿。自然历史类占据了藏品和展览的大部分，直到 1772 年威廉·汉密尔顿（William Hamilton）的古希腊陶器入藏，局面才发生改变，收藏重点开始转向文物和可以代表从古至今世界各地文化的其他人工制品。1807 年，博物馆成立了古器物部。1812 年，帕特农神庙大理石雕塑（Parthenon Marbles）入藏。1860 年，古器物部一分为三，成立了古希腊和古罗马文物部、钱币和纪念章部、东方文物部，主要得益于 19 世纪 40 年代在叙利亚尼姆鲁德（Nimrud）遗址和 50 年代在土耳其哈利卡纳苏斯（Halicarnassus）陵墓遗址展开的发掘。1880 年，鉴于藏品规模的扩张和知识类别的精细化，包括矿物学、地质学和植物学藏品在内的自然历史标本转移至位于伦敦南肯辛顿（South

Kensington）的一座新馆建筑内。这些标本作为大英博物馆的藏品而保存，一直到 1963 年，英国自然历史博物馆（Natural History Museum）成立了单独的董事会。

大英博物馆藏品的丰富程度体现了启蒙运动的世界观及记述世界的方法：一个人想要认识世界，首先要构建出一个关于世界各个组成部分的档案库，这个档案库越大越好。对物品进行收藏、描述和分门别类，为找出各组成部分之间的联系提供了可能。随着收藏数量的增多，个人的假设便可以得到验证。最终，通过严谨而又科学的审视，了解到世界的自然、物理和文化特性后，个人才能获得真理，并为了全人类利益将真理运用到经济行为和人类行为上。

这种严谨态度同样适用于把人工制品视为艺术品的鉴赏行为。启蒙收藏家对他们的前辈持批评态度，认为他们只懂搜罗物品，东西到手后却不加区分地存放。他们还批评古董收藏者拘泥于文本，对古董的分析仅仅停留于参照古文献，把文献当成例证使用，而对文本本身并无任何兴趣。[11]1719 年，画家兼收藏家乔纳森·理查森（Jonathan Richardson）出版了关于鉴赏力的理论著作——《两篇论文——〈鉴赏家：论完整的批评艺术〉和〈论鉴赏家的科学〉》（*Two Discourses—The Connoisseur: An Essay on the Whole Art of Criticism and An Argument on Behalf of the Science of a Connoisseur*）。他写道："要成为一名鉴赏家，就必须尽力摆脱一切先入之见，具备清晰而又准确的思维和推理，懂得接纳和处理正确的思想，并且自始至终拥有毫无偏见的坚定判断力。"理查森承认受到了洛克（Locke）经验主义的影响，同时，他主张鉴赏力需要逻辑论证："我们需要审视最初的原理，再按部就班地展开全部推导，不带幻想地满足于我们所获得的启发。只有当一个命题有证据支撑，我们才能表示认同……如果事物的本质没有得到证明，则不能表示认同。"[12]1735 年，亚历山大·戈特利布·鲍姆嘉通（Alexander Gottlieb Baumgarten）创造了"美学"（aesthetics）一词，用以指代"通过感官认知事物的科学"，后来他把这一定义改进为"感性认知科学"。

　　很重要的一点是，在启蒙运动中，科学探索是大部分求知活动的核心实践方法和模式，这也恰恰契合了大英博物馆藏品的特点。科学探索的灵活运用体现在"科学"一词（或者说当时用得最多的"自然哲学"一词）并不意味着独立的知识探索领域的出现，而是一种认识世界的方法，一种收集事实、对事实进行分类的途径，从而推论出可被验证的真理，再让这些真理进一步接受质疑。在这一意义下，"科学"是多个研究领域的重叠，它鼓励思考者跨越学科藩篱，将严谨精神灌输到各个探索领域以及这些领域的交叉或重合点。如《大英博物馆法案》中所写，"一切艺术与科学都有千丝万缕的联系"。将世界各地无论人工还是天然的事物连接起来，汇集于一处，进行公开展示和持续的谨慎研究，就是为了激发对"千丝万缕的联系"的批评性探索，毫无疑问，这将催生出更多假设并付诸验证，推动对世界真理的追求。

　　这也是百科全书和词典的目的所在，包括伊弗雷姆·钱伯斯（Ephraim Chambers）编著、1728 年出版的《百科全书或艺术与科学通用词典》（*Cyclopaedia, or an Universal Dictionary of Arts and Sciences*），狄德罗（Diderot）主编、1751 年在巴黎问世的《百科全书》（*Ency-clopédie*），1755 年第一次出版的塞缪尔·约翰生（Samuel Johnson）的《英文词典》（*Dictionary of the English Language*），以及 1768 年出版的《不列颠百科全书》（*Encyclopaedia Britannica*）。[13] 这些书以浓缩的方式系统展示了关于语言或世界的全部知识，更重要的是，它们把这些知识送到了好奇人士的手中。这是一种大胆而且危险的（在当时的法国看来）想法。狄德罗的《百科全书》不仅提供了信息，也遵循启蒙哲学原理，记录下知识，对公认的教会和国家权威构成了挑战。罗伯特·达恩顿（Robert Darnton）是这样描述的："理性是《百科全书》的秩序推力，它与感官事实相结合，与记忆力、想象力这对姐妹能力共同作用。这样，从一个人所处的世界及其自身思想的运转中，产生了此人的全部知识。"面对《百科全书》的威胁性，1759年，教皇克雷芒十二世（Clement XII）[①] 警告所有天主教徒，必须将手中的《百科全书》交给神父焚毁，否则将被逐出教会。[14]

对于希望掌控如何解读事物含义的权势者来说，当然有理由害怕人们产生自己的想法。思想赋予个人以力量，并推动他们成为自由思考者。在启蒙运动时期的伦敦，繁荣的印刷文化滋养了一批数量可观的自由思考者。塞缪尔·约翰生的《英文词典》首次印刷印数为2000册，每本售价4英镑10先令。不久，第二次印刷时采用了更易普及的版本，全书拆分成165小册，分周推出，每本售价仅6便士[②]。《不列颠百科全书》也是分册出版，6便士一本，1787年至1797年间，第三版卖出了1万册。1660年至1800年间，英格兰共出版了30万多种书籍和小册子，总数约为2亿册。1712年，伦敦已出现20种单张报纸，每周能卖出2.5万份。1800年，外省报纸每周的销量达到40万份，同时有超过250种期刊面世，伦敦有大约100个读书俱乐部，部分俱乐部拥有大规模的移动图书馆（贝尔图书馆 [Bell's] 声称拥有15万册图书）。[15]

与此同时，咖啡馆遍地开花，1793年单是伦敦就有551家咖啡馆。人们聚集在咖啡馆里，对最新时事展开讨论和辩论，思想在此广泛传播并成为被争论的对象，这里也是读报和散发传单的场所。普雷沃神父（Abbé Prévost）把伦敦的咖啡馆形容为"英格兰的自由之地"。[16] 和读书会、辩论社、礼堂、美术馆、音乐厅一样，咖啡馆也是伦敦繁荣的公共文化和知识分子文化的一部分。约翰·布鲁尔（John Brewer）写道，在那个时代，"制造者、传播者和消费者共同构造出谈话和批评的小圈子，由此形成一种现象"，即高雅文化，它从宫廷转移至城市，并与商业为伍。[17] 咖啡馆迅速集商业机构和商业活动场所的双重属性于一身，在这

---

① 原文如此，疑为"教皇克雷芒十三世"之误。克雷芒十三世（Clement XIII）1758—1769年在位，而克雷芒十二世1730—1740年在位。

② 当时1英镑合20先令，或240便士。

里，既能做买卖、缔结伙伴关系，又能谈论专业活动 —— 现代股票交易所的发祥地便是位于伦敦交易所巷（Exchange Alley）的乔纳森咖啡馆（Jonathan's Coffee House）。帕特诺斯特街（Paternoster Row）的查普特咖啡馆（Chapter Coffee House）是书商的聚集地。1777 年，塞缪尔·约翰生在这里接受了创作《诗人传》（Lives of the English Poets）的委托。从贺加斯（Hogarth）到鲁比利亚克（Roubiliac，他创作的汉斯·斯隆爵士半身像至今仍为大英博物馆收藏），艺术家们在圣马丁巷（St. Martin's Lane）的老斯劳特咖啡馆（Old Slaughter's Coffee House）与鉴赏家乔纳森·理查森会面，探讨视觉艺术的常见问题。位于海马基特（Haymarket）的奥林奇咖啡馆（Orange）云集了歌剧演员和舞蹈大师。书籍、版画、纪念章和绘画在咖啡馆里展出，有时还会被出售，人们还在这里发表演讲，表演戏剧和歌剧。咖啡馆是自由表达的场所，向所有社会阶层开放。如布鲁尔所言，那里"鼓励复调式的公共对话，挑战了国王的声音""削弱了君主专制下的等级观念"。[18]

更重要的是，咖啡馆是现代公共领域发展最重要的组成部分，在 18 世纪的伦敦，这一领域和这座城市的不断变化息息相关。1500 年，伦敦的人口仅为 5 万，是巴黎和那不勒斯的三分之一，1650 年增至 40 万，到了 1700 年达 57.5 万，与巴黎持平。一百年后，伦敦人口达到 90 万，成为欧洲最大的城市，其规模几乎是巴黎的两倍，在世界上仅次于江户（今天的东京）、北京和君士坦丁堡。伦敦的优势在英国国内表现得更为突出。18 世纪中期，10 个英格兰人中就有 1 个住在伦敦。整个 18 世纪，6 个英国人中大约有 1 个曾在伦敦工作过。伦敦比其他英格兰城市大 10 倍，它是国家政府所在地、皇室的主要居所、国际化港口以及工场工业时代欧洲最大的工业城市。伦敦医生和律师的数量超过英国其他地区的总和，伦敦的银行和金融公司提供了大量所谓的会计和中间商的就业岗位。当然，伦敦在世界贸易中的地位使之成为贸易商、水手和货运商的中心。

伦敦也是一座不断扩张的政治金融帝国的总部。18 世纪，英国贸易总量增长为原来的三倍，到 18 世纪 70 年代，英国的贸易在范围上实现完全国际化，其位于美洲、非洲和亚洲的帝国市场占据了 60% 的出口量。伦敦的码头要处理全国 80% 的进口货物、69% 的出口货物，以及 86% 的再出口货物。伦敦成为国际货物集散地的典范。除了来自爱尔兰的移民、从美洲和东印度归来的水手和商人，伦敦的黑人人口在非洲以外的城市中位居第一（主要由于英国在大西洋奴隶贸易中扮演了主要角色）。令人眼花缭乱的世界货物和人群的涌入，在很大程度上重新塑造了这座城市。就是在这里，在世界上最大、最繁忙的城市的中心，在来自世界各地的人生活和工作的地方，汉斯·斯隆希望建立一座博物馆，这个愿望促成了大英博物馆的诞生。

不可否认的是，斯隆等人是阶级特权和帝国繁荣的受益者，他们对欧洲文明甚至英国文明与生俱来的优越性深信不疑。不过，斯隆同样也执着于一种博物馆理念，即所有人无论社会地位，都能探索丰富的世界自然历史和多彩的世界文化，并从中收获大量知识。[19]

对信息的获取达到历史上空前的规模，加上对跨越学科的科学探索的倡导，催生出了我们今天所说的"公共知识分子文化"。绅士植物学家和民族志学家、咖啡馆演说家、社交俱乐部哲学家、报纸记者、刊物评论员、独立文人都推动了思想交流和思想纲领的形成，对先验真理以及宣传这些真理的权威构成了挑战。曾赴巴黎任英国驻法国大使馆秘书、后来回到伦敦担任副国务大臣的哲学家大卫·休谟（David Hume）就抨击过那些权威，特别是那些仅仅埋头于自我、"推理时从不过问经验，或者从不去日常生活和交谈中寻找经验"的学问家。他认为，"做学问的人同可以与之对话的世界一刀两断"是"前一个时代的巨大弊端"，那时的学问"被困在学院和书斋内，是重大的失败"。[20] 他还主张，应该向所有人普及启蒙思想，从而使他们的智识通过表述明白、论证清晰的哲学论证得到提升。清晰的思维、简明的语言、坦率和谦虚的态度是知识分子的目标，他们应该将事实优先于言辞，创造出一个"文雅文章的社会"（a commonwealth of polite letters）。[21]

这样的"社会"需要在公共领域的大熔炉里打造，在这里，思想被提出并经受讨论、反驳和否定。这些伟大的思想中就有自由主义政治哲学。自由主义立足于"对人类本性的理解，对个性和平等的尊重，对社会性（the social）的探索，对正义的热爱，它的偏好经验胜过理论，它的思想开放性，它对公平的奉守"。[22]自由主义的核心是关于自由、平等以及个人和全人类平等享有的权利的原则。康德说："如果说人人皆自由，那么这自由必定为所有人平等享有；因为所有个人的自由是绝对的，只受到法律普遍而平等的约束……自由理念涉及个人自主权，因为自由要求个人具备独立执行个人意志、不受不当约束制约的能力。"[23]启蒙思想家坚信个人有权力也有能力，拒绝权威们利用他们无权掌握的事物或者与他们无关的传统对自己强加约束。只有经过某种形式的同意或社会契约而由人民自己确立的约束，才是可接受的。

这是 1776 年美国《独立宣言》（Declaration of Independence）中宣告的一切人权的基础，托马斯·杰斐逊（Thomas Jefferson）写道："我们认为以下真理不证自明：人人生而平等，造物主赋予他们一些不可转让的权利，其中包括生存、自由和追求幸福。为了保障这些权利，人们之间才组建政府，治人者的正当权利，来自被治者的同意。不论何时，不论何种政府形式，一旦违背这些目标，人们就有权变革政府，或废止旧政府、组建新政府。"[24]这种思想影响了法国共和派，包括拉斐德侯爵（Marquis de Lafayette），他起草了《人权与公民权利宣言》（Declaration of the Rights of Man and Citizen），1789 年 8 月，法国国民议会通过了这一宣言。宣言中写道："任何政治结合的目的都在于保护人的自然的和不可动摇的权利。这些权利就是自由、财产、安全和反抗压迫""整个主权的本源主要是寄托于国民。任何团体、任何个人都不得行使主权所未明白授予的权力。"[25]这些宣言都基于对与生俱来、平等和普遍享有的人权的笃信。当然，实际上，这种平等并非对每个人都适用，甚至也不对所有人适用，但作为一种理想，这些宣言为拓宽获得人权的途径打下了基础。[26]

这就是大英博物馆——第一座真正意义上的百科全书式的公共博物馆——建立的背景：人口多样化且快速膨胀的世界主义大城市；热衷于辩论和发表观点、反对偏见迷信的文化；对公认真理的怀疑和知识的专业化；对科学的推崇（对与世界有关的事实进行收集、分类和编目），从而产生真理、推动人类进步；以个人自主性、自愿结社和人权为基础。百科全书式的博物馆和百科全书本身一样，都致力于尽可能多地收集自然标本和世界文化标本，以满足好奇和做学问之需。不论从哪个角度而言，百科全书式的博物馆都可以说是脱胎于启蒙运动的机构。

"什么是启蒙运动？"这个问题最早在一篇文章的脚注中被提出，这篇文章于1783年12月发表于《柏林月刊》（*Berlinische Monatsschrift*）[①]。9个月后，康德回复道：

> 启蒙运动就是人类脱离自己所加之于自己的不成熟状态。不成熟状态就是不经别人的引导，就对运用自己的理智无能为力。当其原因不在于缺乏理智，而在于不经别人的引导就缺乏勇气与决心去加以运用时，那么这种不成熟状态就是自己所加之于自己的了。Sapere aude! [②]要有勇气运用你自己的理智！这就是启蒙运动的口号。[27]

对于康德而言，启蒙运动是一个过程，一种对条例和公式（康德称

---

① 《柏林月刊》是德国启蒙运动的主要刊物。
② 拉丁文，意思是"要敢于认识"。

之为"对终古长存的不成熟状态的一副脚桎")的批判态度或精神。要实现启蒙，需要"在一切事情上都有公开运用自己理性的自由"：

> 必须永远有公开运用自己理性的自由，并且唯有它才能带来人类的启蒙。私下运用自己的理性往往会被限制得很狭隘，虽则不致因此而特别妨碍启蒙运动的进步。而我所理解的对自己理性的公开运用，则是指任何人作为学者在全部听众面前所能做的那种运用。[28]

康德自认为生活在一个启蒙运动的时代。在康德的时代，大众交流的基础设施的发展推动了思想观念之间有力的调和。1660年，英格兰正式创立私人信件的公共邮政服务，1710年的《邮政法案》（Postal Bill）统一了大英帝国范围内的邮费标准，交流思想变得前所未有的便利。人们可以在迅速增加的报纸和杂志上发表观点和见解，供他人阅读，尤其是评论类杂志，如1749年创刊的《每月评论》（Monthly Review）和6年后创刊的《批判评论》（Critical Review）。此外，人们还可以求助于常见的事实和思想储存库——词典和百科全书。当时的理想是"让所有人获得所有知识"——公共知识，而不是私有知识。如最近两位学者所形容的，"在这一新平台上，每个个人都能为人所知，每个结果都能为人所用，并且他/它们不只是独立运行，还是一个日积月累、正在进行中的群体事业的一部分"，亦即百科全书作者伊弗雷姆·钱伯斯所说的"学问的社会"。[29]

我们都是启蒙运动的后代，联系你我的，不是"对教条的忠心耿耿，而是一种被永久激活的态度，或者说是一种对我们所处的历史时代进行持久批判的哲学精神"。[30]对于一些思想家而言，这种批判导致有人厌弃启蒙运动对无偏见的探索、普遍原则和可被验证的真理的推崇。福柯就认为，真理是话语中的权力意志，"让权力有效并被认可的原因很简单，权力不只是作为禁止的力量压抑我们，也会贯穿和生产事物，它会引发乐趣、形成知识、产生话语"。[31] 德里达（Derrida）认为，语言之外没有真理，有的只是无休止的符号游戏。利奥塔尔（Lyotard）认为，关于现实的总述性理论都是元叙事，是被权力结构——政府、科学、历史、大学、博物馆——所加强的高级叙事，故事之所以被讲述，是为了使各种版本的真理变得合理化。还有一些后殖民评论家认为，科学推理是殖民主义控制留下的遗产。迪佩什·查卡拉巴提（Dipesh Chakrabarty）[①] 写道："我认为，情感同理性的决裂构成了印度殖民历史的一部分。科学理性主义，或者说科学探索精神，从一开始便被带入殖民时代的印度，作为（印度）宗教特别是印度教的解药，无论是传教士还是执政者，都罔顾东方学家的研究，把宗教看作迷信和巫术的集合体。"[32] 对理性的信仰（查卡拉巴提称之为"启蒙理性主义"）是失败的，它把"现代殖民社会中的知识分子"捆绑在了"将科学与宗教视为最终不可改变的相互对立的范式"上。

尽管如此，对启蒙运动的兴趣正呈现复苏之势。近些年几本新书既有综述，也有对苏格兰和那不勒斯启蒙运动的比较研究，启蒙运动在18世纪欧洲政治和科学中的作用的专题调研，女性和性别角色视角的启蒙运动，地理学对启蒙运动的发展和系统化阐述的影响，亚洲思想对西方启蒙思想的影响，甚至包括后殖民时代的启蒙运动。还推出了四卷本《启蒙运动百科全书》（*Encyclopedia of the Enlightenment*）和"再启蒙项目"（The Re:Enlightenment Project），这项研究的出发点是"18世纪的启蒙运动，这场重塑了西方探索努力、改造工具、方法和机构的革命，仍然在塑造今天生产知识和传播知识的途径"。[33]

我想介绍两本新书，它们都涉及我所说的对启蒙运动及其原则的兴趣的复苏：第一本书很薄，但很有说服力地为启蒙运动作辩护，第二本

---

① 迪佩什·查卡拉巴提（1948— ），印度历史学家、后殖民研究学者，"庶民研究"学派代表人物之一，著有《工人阶级历史再思考：孟加拉1890—1940》《将欧洲地方化：后殖民思想与历史差异》《现代性栖居：庶民研究文集》等。

是对"反启蒙"传统的持续批判。

法国哲学家茨维坦·托多罗夫（Tzvetan Todorov）的《为启蒙运动辩护》（*In Defence of the Enlightenment*）出版于2006年，英译本2009年出版，该书从后9·11时代的欧洲视角出发，作者写作的当时，法国正卷入一场激烈的文化争辩之中。[34] 托多罗夫借助启蒙运动，企图寻求建立一个"构建公共生活"并"使我们成为负责任的人"的道德基础。

这本书的开篇盛赞启蒙运动对批判的坚守和对不可剥夺的个人自由权利的拥护：

> 今天，我们需要重建过去的遗产，并开展批判性的审视，清醒评价其或好或坏的后果。这样做并非让我们背叛启蒙。恰恰相反：批判使我们保持对启蒙的忠诚，并把启蒙的学说付诸实践。
>
> 身为人类的一员，比身为某个特定社会的一员更为关键。因此，行使自由包含于"普遍性"原则之中；摆脱了教条和旧习束缚的"神圣性"，体现在这些新确认的"人的权利"之中。[35]

从这两方面看，托多罗夫的思想源泉是康德。和康德一样，托多罗夫认为，所有人都拥有不可剥夺的自由、平等和自立的权利。如果说所有个人都是自由的，那么，这种自由必定是平等的自由。这一点康德和托多罗夫都认为是绝对的：自由的观念涉及个人自主权，并且要求个人具有不受到不当约束的阻挠、独立行使自身意志的能力。[36] 这也迫使个人为创建世界公民的社会而努力：要想让自由在一国人民中普及，其自由就不得受到他国行动的威胁。[37] 启蒙运动是欢迎世界主义的，因为启蒙运动尊重世界的差异："启蒙运动的时代的特点是发现他者的独特，不论其来自更久远的年代或是来自异国他乡。和其他时代不同的是，他者不再是我们自身理想的体现，或者是我们当前完美状态的遥远前兆。不过，只有当避免了激进的相对主义，并且不会致使我们放弃共同的人性，这样一种对人类多样性的认识才会成为一片沃土。"[38]

托多罗夫的写作有一种紧迫感。在我们所处的时代，各种形式的文化相对主义和在军事强权下被本质化的差异，导致我们陷入一种简化的民族主义，妨碍我们跳出自身和本地的视角。相对而言，"启蒙运动的启示在于，它宣称多样性可以促进新的统一，途径至少有三种：多样性通过竞争来鼓励包容；多样性培养并保护批判精神；多样性促进自我超脱，引导自我与他者的更高融合"。[39]

第二本书，泽夫·斯汤奈尔的《反启蒙》（*The Anti-Enlightenment Tradition*）与托多罗夫的著作同一年在法国出版，英译本出版于 2010 年。斯汤奈尔是一位世界主义的以色列政治学家，因其对法西斯主义的批判性研究而闻名，他也因为反对在约旦河西岸建立犹太人定居点而在以色列国内招致争议。（2008 年，以色列右翼极端分子发动土制炸弹袭击，斯汤奈尔就是袭击受害者之一。）作者以一个时间巧合作为出发点，"普遍认为，18 世纪是理性主义现代性的代表时期，也是第二次现代性的摇篮期"，第二次现代性不仅反对法国-康德派的启蒙思想，也反对英国休谟和洛克的启蒙思想，特别是洛克的个人主义和民主思想。"反启蒙的各种派别所反抗的，是新历史观、人类观和社会观，反对新知识理论，反对康德的名言（Sapere aude），反对把启蒙运动视为一场解放理性、反抗一切形式不当权力的运动的观念，以及反对意识形态教条主义"。[40]

斯汤奈尔提到的反启蒙的主要人物有：詹巴蒂斯塔·维柯（Giambattista Vico）[①]、约翰·戈特弗里德·冯·赫尔德（Johann Gottfried von Herd-

---

① 詹巴蒂斯塔·维柯（1668—1744），意大利哲学家，尤其精通文化史和法律，被誉为文化人类学的先驱，代表作有《新科学》。

er）① 和埃德蒙·伯克（Edmund Burke）②。维柯不认同我们单凭理性力量就可以摆脱自然状态，也不认同公民社会是给予自身以社会和政治结构的自由平等的个人的创造物。斯汤奈尔是这样总结维柯的观点的："个人从出生起就卷入了一张社会关系网，这些社会关系不是个人的创造，它们随着时间和地点而变化，并产生了另一种现代性，这种现代性的基础，不是隔离人与人的鸿沟，而是联系人与人的纽带。"[41] 赫尔德的反启蒙思想以反对普遍有效的原则为表现。在他看来，个例更具有启发性，并且不可归入普遍规律。"赫尔德将历史与文化的卓越以及人与故土的联系的概念理解为一种近乎物理的连接，使得'文化国民'（Kulturvolk）与'文化国家'（Kulturstaat）关联在一起。正是赫尔德的文化民族主义为政治民族主义奠定了基础。"[42] 斯汤奈尔认为，赫尔德的遗产是，"文化民族主义很快催生了民族国家和国家至上的思想，以及民主是人民的敌人的思想""因为，这位德国哲学家把在前辈那里找到的历史话语用来反对那些前辈，并创造出一种反理性主义的、基督教的、反普遍性、反世界主义、特殊主义（particularistic）和民族主义的话语。"[43] 最后，对于伯克而言，国家/民族不只具有物理上的方位属性，还在很大程度上取决于我们生来所处的、自古就有的秩序："人拥有的最强烈的民族和道德本能，是对祖国的热爱，仅次于父母对孩子的爱。"[44]

托多罗夫和斯汤奈尔的书于同一年问世，两位学者的追求各不相同——托多罗夫的是易于阅读的口袋书，而且更像是一份公开宣言；斯汤奈尔的是大部头的学术著作，一部专业学科论述，同时也具有更广泛的适用性。不过，两本书的结论却不谋而合：我们还需要从启蒙运动中

---

① 约翰·戈特弗里德·冯·赫尔德（旧译"赫德尔"，1744—1803），德国哲学家、评论家，"狂飙运动"的领导人之一，代表作有《论语言的起源》。赫尔德反对康德的世界公民思想，康德写有《评赫德尔〈人类历史哲学观念〉》和《人类历史起源臆测》作为回应。

② 埃德蒙·伯克（1729—1797），英国政治家、保守主义政治思想家，对法国大革命抱有敌意，著有《法国大革命反思录》。

借鉴很多东西：对理性的运用，对教条的反对，对个人自由的尊重，以及对世界主义的认同——这些价值观在今天依然适用。如果说启蒙运动在某种程度上是对 1649 年至 1688 年的血腥宗教战争、宗派分裂以及针对英国国王的公开暴力和"光荣革命"的回应，那么，在不久的过去及当下发生的战争迫使我们重新拥抱启蒙原则。

托多罗夫在书的结尾这样写道：

> 即便我们抨击启蒙运动，我们也都是启蒙运动的孩子。同时，启蒙精神所反抗的弊端的顽固程度，超出了 18 世纪理论家的想象。这些弊端甚至还在滋长。启蒙的宿敌——蒙昧主义、专制制度和盲目狂热——像毒蛇许德拉的头一样，砍断多少就长出来多少……我们有理由害怕负面的侵蚀将永无休止。因此，更加有必要发扬启蒙精神……这将成为我们人类的使命：每一天都要肩负起启蒙的任务，并且牢记在心，这一任务永远没有停下来的一天。[45]

在本书第三章中，我会继续讨论这个话题。现在，让我们重新回到百科全书式的博物馆。

百科全书式的博物馆不断扩充藏品，以期成为世界艺术遗产的代表，并为推论出真理提供坚实且足量的资料。博物馆深入挖掘这些实物资料：它们如何产生？它们的物理属性发生过哪些变化？谁制造了它们，它们曾经为谁所有、为谁所见，今天又是怎么被知道的？在这之后，博物馆还会了解这些资料的工作原理，各部件如何组合成有意义的整体，它们曾经的用途，以及这些用途如何使之被接受并赋予其公共意义。博物馆把这些全部记录下来并发表，供公众了解或供学者评论。这是百科全书式的博物馆的使命，这一使命从 1753 年大英博物馆建立以来坚守至今。

如斯隆的遗愿所写，第一座百科全书式的博物馆的馆藏应该向所有学问之人和好奇人士开放，以促进纯理论知识的进步和完善。这些知识不能预先决定，它来自学习、调查、实验和二次审视，它属于公共知识，无条件、无偏袒地对专业和非专业人士公开。

百科全书式的博物馆坚持广泛获取知识的原则，也设想知识是会改变的。不同的人会对博物馆的藏品提出不同的问题。虽然斯隆更希望把收藏留在伦敦，但他也会同意把收藏送到其他任何严肃对待科学探索的大城市去。他捐出了收藏，"看重的是用途，而不是地点"。[46] 不过，斯隆也要求收藏地拥有多样混合的人群，这些人就像他的藏品一样，能够代表世界。而当时的伦敦比世界上任何城市都拥有更多样的人群。

斯隆无法预见到今天的伦敦以及许多欧洲和北美城市具有的超常多样性，不过，要是他知道这些城市都建有百科全书式的博物馆，他一定不会感到吃惊，因为差异会培养对差异的好奇心。如果百科全书式的博物馆能够坚守我所认为的使命，即用好奇心促进包容和理解，那就应该鼓励在各地建立这样的博物馆。

第二章　博物馆和话语

一旦我们关注某件实物，无论它是什么样的，关注本身都有可能让我们不自觉地陷入对这件物体的来龙去脉的思索。

——弗拉基米尔·纳博科夫（Vladimir Nabokov）[1]

1759 年，大英博物馆在蒙塔古大楼（Montagu House）开放后不久，博物馆自然和人工物品部主任詹姆斯·恩普森（James Empson，*曾经担任汉斯·斯隆爵士的藏品管理员*）就布置公共藏品发表了一番感慨："尽管个人完全可以自由随意地摆放他所拥有的奇珍异宝，但我们意识到，大英博物馆作为接待明智和好奇人士访问的公共机构，应当多加留意藏品是否排列有序。"[2] 换句话说，藏品是在信任的基础上为公众而保存的，因此，为了公众着想，博物馆必须以系统的方式展示其馆藏。仅仅陈列这些物品是不够的，还应该符合一套合理的分类系统。

即便这样也还是不够的，因为总有一些东西比另一些东西更重要、更吸引人。"在每一个分类项下，"恩普森继续写道，"要格外小心地把那些最精美、最受人瞩目的物品尽可能地呈现出来，其余不那么精美或受人瞩目的物品可置于高高的架子上，更逊色的则分门别类收进抽屉。"[3]

大英博物馆自建馆之初就相信，博物馆的公共职责不只限于收藏 —— 为世界自然和人工物品构建一套科学证据的档案 —— 还包括引导公众认识世界，因此，有必要合理组织和展示所收集的物品，并吸引参观者对物品本身的关注。

250 年过去了，这一点仍然适用。今天的博物馆还在把为了公众兴趣而收藏、保管、展示物品视为核心己任。博物馆在展示时会充分认识自己的选择，会以独特的方式摆放物品，吸引参观者关注单个物品及物品之间意味深长的关系。他们会根据制作年代、文化区域或器物的种类（把古代器物、中国文物、照片分别归类）来摆放，或者做成系列主题展览。放在一起的不同类型的物品有许多故事可以讲述。

单个的物品也有故事可讲。每一件物品都带有制作的留痕、使用特殊工具和材料的印记：笔触，画笔的粗细和质地，调色刀的痕迹，画家的手印，有时还会有画架或打磨过的木头坚硬表面的纹路。化学分析帮助我们确定一幅画所使用的材料，红外反射成像法可以揭示画作表面之下隐藏的图画，显微剖面分析向我们展示颜料层的顺序，X 射线能够显示画作表面的修改痕迹。如果一幅作品绘于木板之上，树木年代学检测还能告诉我们木材的种类、砍伐时的树龄、树木可能生长的地点，甚至在遥远的地方其他人收藏的画作所用的木板是否来自同样的树。每一种材料和制作方法都有一段历史。

当然，作品的主题和风格也有故事可讲——基督受难、佛祖降世、充满异域风情和自然元素的静物画、街头景色、人物肖像、美杜萨之筏、用泼彩和滴画法绘出的一团线条、诗人的旅行，等等。艺术史学家斯韦特兰娜·阿尔珀斯（Svetlana Alpers）在思考英国伦敦国家美术馆（National Gallery）的意大利展厅时提醒我们："那些绘画的顺序，就介质、色彩、人物和背景的安排处理而言，是艺术家自觉的实验性实践的结果……在展厅里穿行时，我们看到，在至少在三百年间，那些作品构成了一部历史。"[4]这部历史不只是作品的创作史，也是紧随其后的接受史、拥有史和公开展览史。每一个故事或者"历史"相互反映，我们对一件物品思考得越多，就越发被带入这件物品的特殊历史网络中。如恩普森在 1759 年所写下的，博物馆在布置馆藏的时候，有必要考虑到这一点。

不过，怎么做到这一点？要达到怎样的效果？这会对体验物品本身带来什么样的损失？博物馆在这方面的潜力和局限在哪里？类似这样的问题从博物馆的建立之日起，就不断被博物馆专业人士和评论人士提出来。博物馆的"话语性"（discursive）应该在何种程度上体现呢？

1887 年，人类学家弗朗兹·博厄斯（Franz Boas）还是一位年轻的藏品管理员，他正在为博物馆这座话语性机构存在的固有局限性而烦恼。博厄斯批评布展时把具有文化意义的物品像生物标本一样摆放在展柜里的做法——把不同种类的工具分开放置，工具和餐具分开，服装和仪式面具、生火材料分开，这与它们在特定部落文化中的功能失去了联系。他认为，应该把文物置于文化背景之中，"把民族学标本置于其历史和环境中之"。[5]博厄斯把展厅中的展品和展品组安排成一个逐步展开的故事，按照与展览配套的小册子中的展品说明来排序和编号。他希望这样一来，可以避免参观者"从右往左无序地闲逛""迫使参观者在欣赏藏品时，从简短的参观中尽量多获益"。[6]

博厄斯还给这些排列有序的展品增加了辅助展示，他称之为"生活组群"（life groups）。他准备了一些穿衣服的假人，把它们摆放在充满戏剧性的日常生活或仪式场景中，来表现展品的功用。博厄斯觉得，用这些场景可以生动再现物品使用时的背景，"把参观者引入不熟悉的环境中"，并且，用最近一位学者的话说，"形成一种替换逻辑"，邀请参观者"全神贯注地置身于虚幻的场景中"。[7]不过，博厄斯后来还是对这种做法产生了怀疑："据我所知，为此付出的所有努力都白费了，因为博物馆的环境不利于营造这样的印象。那些展柜、墙壁、其他展柜中的陈列品，还有那些立柱、台阶都在提醒我们，正在参观的不是一座现实中的村庄，别扭的环境和我们努力实现的族群的真实感形成了反差，毁掉了整体效果。"那些精心制作、着色并穿上衣服的假人自然也与真实无关，他担心这会不可避免地造成"一种令人恐惧的印象，就像我们见过的蜡像一样"。[8]

博厄斯感到很为难。他认为，单靠展品不足以帮助博物馆参观者了解文化，"文化的心理学和历史学关系是人类学研究的唯一对象，然而仅仅依靠标本来少量展示民族生活，是无法表现这些文化关系的"。[9]正因如此，1905 年，博厄斯放弃了博物馆藏品管理员一职，前往哥伦比亚大学从事全职学术工作。

有人把博厄斯决意离开美国自然历史博物馆（American Museum of Natural History）解释为博物馆在更具潜力的高校面前的失败。一位高校学者这样描写：

> 20 世纪头 25 年，曾经被赋予的物的意义已经站不住脚。活跃的、扩张中的高校生产出理论知识和经验知识，占领了当时的知识领域。物，以及它们的藏身地博物馆，却驻足不前。基于物的认识论落幕了，博物馆也从美国知识界的中央大舞台黯然离场。[10]

关于这一时期，另一位学者写道："知识的来源从博物馆大厅转向大学实验室和图书馆，从展品转向书本，从实物转向话语（discourse）。"[11]

博厄斯转战大学数年之后，法国诗人兼作家保罗·瓦莱里（Paul Valéry）写下了一段感想，他说，尽管很多博物馆令人仰慕，却没有一座是"令人愉悦"的，因为"愉悦与分类、保管、公共用途的原则并无丝毫关系，不论这些原则有多么清晰合理"——而这些原则恰是博厄斯所强调的博物馆工作的第一要务（尽管不限于此）。[12]瓦莱里反感博物馆一味的专业做派和礼节束缚（"我刚向美物迈出一步，一只手就把我拉住，手杖掉落在地，还有一块告示提醒我，此处禁止吸烟"）。他渴望能近距离地观赏个别艺术作品，最好在没有旁人的情况下，因此对展厅中的阻挠恼火不已。在雕塑厅，他说："我迷失在一群乱糟糟的僵化摆放的雕像当中，它们彼此之间毫无关联，更别提参差不齐的尺寸了，这里毫无统一的比例可言，侏儒和巨人被莫名其妙地并置……完成品和未完成品、残缺品和修复品混杂在一起。"[13]瓦莱里对绘画厅的感受也没有好到哪里去,"绘画展品简直就是对空间的误用,对视觉的残害"。一眼扫过去,他能看到肖像画、陆地和海上风景画、庆典场面和静物画,这些绘画组合在一起时,很少或根本不顾及其大小和相邻色彩的和谐感,从而违背了一条根本真理,即越是精湛的画作("代表人类追求的非凡之作"),就越需要单独品味。

瓦莱里的感想代表了他敏锐的个人观点。他并不关心博物馆对学术研究或者市民文化所作出的贡献,只对单个艺术作品的体验感兴趣。他觉得,博物馆展示得过于丰富,用浮光掠影——或者更糟,"无所不知"——代替了对物品本身的深刻体会(这种体会需要耗费数千小时的工作,是经年累月的研究、体会和专注以及聪明才智的结果)。在他看来,博物馆把艺术作品变成信息和理论的存档,没有哪一座博物馆能够深入到作品本身的意义和影响力中去。对于瓦莱里而言,博物馆的问题恰恰在于,它们把物沦为了话语。


博厄斯和瓦莱里为博物馆展陈提供了两个选项:强调展品本身,或者把展品当作更宏大的广泛叙事的一部分。

1996年10月的一个周末,纽约现代艺术博物馆(Museum of Modern Art,简称MoMA)的领导层和员工代表也在讨论同样的话题——在对展品的关注和对话语的表现与激发之间应当如何取得平衡。当时,博物馆正准备对其位于市中心的标志性建筑展开大规模的改扩建。[14]摆在他们面前的问题,用首席策展人约翰·埃尔德菲尔德(John Elderfield)的话说,就是"怎样尽力讲好现代艺术的故事"。

长期以来,纽约现代艺术博物馆坚持按时间顺序来展现现代艺术史的做法一直为人所诟病:博物馆的第一个展厅是塞尚(Cezanne)1885年的作品《浴者》(Bather),随后几个厅依次展出了毕加索(Picasso)、马蒂斯(Matisse)、超现实主义、抽象表现主义、波普艺术、极简主义和概念主义。在新馆的规划中，馆长和策展人在思考种种方法，以便更细致地诠释现代艺术的复杂历史并将其呈现出来。时任绘画雕塑部首席策展人的柯克·瓦恩多（Kirk Varnedoe）为博物馆传统展陈方法辩护："我们相信，这样做可以保持完整性和整体性。我们有故事可讲，而且我们过去可以说一直在讲故事。随便哪一天，你走进挂有塞尚《浴者》的展厅欣赏绘画和雕塑收藏，在走出展厅的时候，你就会对后印象派到差不多今天的艺术史发展过程有了一个大致了解。"瓦恩多也不反对采用新方法来布置和诠释藏品，"用可以领会的方式，把我们眼中最了不起的一些现代艺术成就罗列出来，在体现主流派别的同时，用次生派别来突出、勾勒、扩充主体，这样参观者可以更深入地了解某个特定的时期"[15]。不过，如何实现这一想法，没有人给出答案。怎样去讲述一个关于现代艺术史的复杂故事，或者许多不同的故事，同时又保留严谨的现代艺术史主体脉络或单个展品的视觉美感呢？

哲学家马克·泰勒（Mark Taylor）曾质疑连贯叙事的可能性，他提出，全球化和视觉化正在把我们对世界的体验变为"对两个对立面进行的某种拟辩证的改造（quasi-dialectical reconfiguration of opposites），这种改造具有心理学、社会和文化意义上的转变性"，而博物馆应该把连贯性叙事看成是发生在全球化和视觉化大背景下的"非连贯性的多层次复合体"。如何把这些运用到展厅布展中，泰勒并没有说，不过他强调，"这种复杂性将成为 21 世纪的形态"[16]。

同样，建筑师贝尔纳·楚米（Bernard Tschumi）对"空间顺序与空间顺序中包含的叙事存在因果关系"的观点感到担忧。这种观点认为："观者身体在展厅空间中行进时的位移，类似于时间和艺术叙事的铺展，是由相互衔接的动作或时间片段串联而成的不间断的故事，那些动作和时间片段在'当下'收尾的时候达到高潮。"相反，楚米更赞同"现代艺术史充满了间断和不连续"，并想象着如何赋予现代艺术史以建筑的形式，"是通过冲突和对立、通过空间的爆发来实实在在地实现，还是通过创造一片凡事皆可能的空白、一个最终富有弹性的非空间（non-space）？"楚米提到，一位朋友曾经说过，博物馆不需要什么"脊柱"，而应该像一块"海绵"。楚米认为："有意思的是，把博物馆比作海绵，是因为海绵的每一个小孔都具有独立性和独特性，也暗示了各种关联和各种形状之间无穷无尽的组合 …… 海绵是不同类型之间无缝衔接的整体，它保留了多样性的可能。"[17]

雕塑家理查德·塞拉（Richard Serra）却对海绵持怀疑态度："海绵的小孔是均匀分布，还是中心部分的小孔更紧密，而边缘部分的更疏松？"[18]至于海绵中的小孔，或者说"展厅"，会不会其中一些小孔的重要性要高于其他小孔？果真如此的话，从海绵回到博物馆，怎样才能鼓励参观者走进展厅，至少有条理地体验展厅？怎样才能保证参观者在现代艺术史铺展的同时，他们感知到的不连续性反映的是实际的历史间断，而不是由参观者自身的困惑（指没有被展览消除的怪异或错误观念）所造成的？

尽管博物馆员工会对布展背后所隐藏的形式上的建筑结构或隐喻（"脊柱""海绵"或者一位与会者建议的"网络"）感到担忧，他们必须承认，参观者还是会按照自己的想法来体验博物馆。策展人越想控制参观者的体验（博厄斯希望"强迫参观者按照自然顺序欣赏藏品"），他们就越是白费力气。策展人甚至无法预测参观者会怎样参观一个展厅：是顺时针在展厅里转圈，还是逆时针？参观者会为了避开热门展品前拥挤的人群而来回走动，寻找一条阻力最少的路线吗？评论家亚当·戈普尼克（Adam Gopnik）在纽约现代艺术博物馆会议上说：

> 我觉得，在博物馆里行走的参观体验，其实就是在构建属于你自己的故事，简单说就是不去关注那些你不感兴趣的东西 …… 在我看来，人们需要博物馆，是因为博物馆是一个可以去看东西的地方，再没有比这更宏大或更必要的理由了 …… 在博物馆，不可能

把所有能想象到的故事都一一讲述出来，并不是说这么做不好，但博物馆不适合这么做。[19]

艺术史学家迈克尔·巴克森德尔（Michael Baxandall）提醒说："所有展览都在给展品附加意义。"[20]近年关于博物馆的学术文章聚焦了这一问题，包括博物馆通过展览策略给特定的展品附加意义，以及作为制度性的话语体系而存在的博物馆本身。[21]

以艺术史学家卡萝尔·邓肯（Carol Duncan）和艾伦·沃勒克（Alan Wallach）的著作为例，两人认为："博物馆就像仪式化的纪念碑一样，是一种复杂的建筑表象，博物馆挑选艺术作品，在空间序列中布置这些作品……并安排参观者的参观体验，就像剧本安排一场演出那样。"[22]这里的"演出"指的是某些世俗仪式："博物馆本身，包括布展、展厅布局和对藏品的体验，营造出一种类似于传统宗教的体验。"在博物馆里行走，便是在完成这场仪式，"促使参观者把写入建筑剧本中的价值观和信仰表演出来并内化于心"[23]。这是一个什么样的剧本呢？"博物馆与古代仪式化的纪念碑一样，体现的是国家意志并使之呈现""个人通过强化与国家之间的联系，来换取国家的精神财富"。而且，不只限于国家，还包括了"庇护阶级的权力和社会权威"。[24]

英国社会学家托尼·本尼特（Tony Bennett）用福柯的语言来理解博物馆，认为博物馆是规训和惩罚的工具。他写道，在19世纪，惩罚已不再具有"公开凸显权力的功能，而是隐藏于封闭的监狱围墙之内"：

这样一来，如果博物馆取代了惩罚、肩负起向大众展示权力的功能，就会大为改观被展示的权力在言辞上的简练。博物馆所体现的，不是威胁人民服从、陌生而又强制的权力原则，博物馆把人民看作公众和公民，把普罗大众置于权力的一侧，让权力展现得仿佛与博物馆融为一体，以此来诱导人民与权力为伍。[25]

另一位学者唐纳德·普雷齐奥西（Donald Preziosi）认为，按照时间顺序，根据国别或文明（亚述、埃及、希腊、罗马、中世纪、文艺复兴、现代——全部都是从欧洲视角出发）进行的布展，强化了博物馆参观者是最出类拔萃、最先进的一分子的观念："时间顺序演变为世系，世系又演变为进化和进步，根据与构建当下的相关程度和贡献程度，一切都变得有所倾向、有所针对。"[26] 由于博物馆代表的是视觉体验（人们在博物馆里"看"东西），普雷齐奥西便把博物馆环境看成一个"把现代化的大众定位、呈现和框定在历史中的视觉工具，这种历史不论是从博物馆史学① 还是历史学角度看，都被用于揭开超验真理"。这样一来，博物馆关注的是作为"国家的主体"的参观者（而博物馆是"和国家同体量的工具，是包含国家在内的载体"），并且全部从欧洲视角出发，在这一视角之下，博物馆里的艺术作品成为"最能诉说人类思想的物品，也是顺着欧洲现代化进程衡量所有非欧洲物品，并对其进行分级和排序的普遍标准"。[27]

然而不止于此。在普雷齐奥西看来，博物馆凌驾于参观者之上的权力要深入得多，而且是更深入本质，只能用精神分析的术语来描述：

> 客体只能从主体不在的地方面对主体。在对现代性的范式客体——博物馆学话语空间中的"艺术"——的幻想中，主体或参观者被客体所吸引，凝视并欣赏这一备受瞩目的客体。在这样的沉迷中，作为主体的我们发现自己被重新记起（弥补曾被遗忘的状态）。博物馆化解了我们的敌意，让我们以新的方式记起自己。换句话说，博物馆帮助我们忘记我们是谁。[28]

博物馆还会将主体性别化：

---

① 引文中的"博物馆史学"（museography）主要指艺术史。

也可以把现代的艺术博物馆理解为异性恋霸权的工具，这类机构的主要产物之一就是被性别化的主体。性别地位之分见诸博物馆的影响之中：博物馆使用者（即参观者）的地位与（未被察觉的）异性恋男人的地位有着未被察觉的相似。很多事实是显而易见的；不那么明显的是，一切艺术都身披异性的外衣、假扮成异性的模样，而霸权的异性恋取向总是在不断模仿和重申自身的理想。正如参观者在展览空间中的地位总是预先设定的，一切性别都在假扮成异性。[29]

在这些评论家看来，博物馆布展及博物馆本身从来都是受到意识形态驱使、被有策略地决定的，永远属于"话语即权威"这一话语结构。[30]

写到这里，有人不禁要问：这真的是你们对博物馆的体验吗？你们在当地博物馆的展厅里是否明显感觉受到了控制？是否感觉受到了更高级的权力——本尼特所说的"主角"（archactor）和"元叙事者"，即你们所在城市的统治精英——的操控？是否觉得忘记了自己是谁，又以新的方式被重新记起，或者以某种方式被性别化？对博物馆的参观体验是否在某种意义上具有仪式感？是否像按照剧本的安排，在博物馆里或者某个展厅里漫步？你们两次来到博物馆都会有相同的参观体验吗？

像卢浮宫这样的博物馆情况是怎样的呢？卡萝尔·邓肯认为，卢浮宫的藏品布展是将"奢华、地位或卓越成就转化为精神财富宝库，成为全民族的遗产和骄傲"。[31]她还写道，观众以这样的方式来欣赏博物馆馆藏，与艺术作品相遇，那些艺术作品是"出类拔萃的才华的见证物，是体现了文明在国家/民族和个人身上烙下的历程的文化产品"。最终，卢浮宫震撼的天花板装饰将法国艺术作品置于世界最著名艺术品之列，让参观者认识到，法兰西处在艺术才华的巅峰位置。

我们要清楚一点：卢浮宫是法国的国家博物馆。和大英博物馆馆长不同，卢浮宫的馆长并非受命于独立董事会，而是法国文化部。我们看到，最近，国家对卢浮宫施展操控，决定在阿布扎比开设一座分馆——这一决定最初并没有得到馆长的热情欢迎。据说，法国政府希望通过此举鼓励开放包容。也有人暗示，法国想在该地区与英国和美国的政治军事影响力相抗衡（法国总统萨科齐 [Sarkozy] 赴阿布扎比为阿布扎比卢浮宫 [Louvre Abu Dhabi] 奠基的同时，还出席了一座法国驻阿军事基地的落成仪式）。[32] 我推测，这两种动机是同时存在的。不过，这会影响我们参观巴黎卢浮宫的体验吗？或者，这会让卢浮宫成为定义和宣扬法国文化"本质"身份认同的工具吗？

你觉得卢浮宫每年近 1000 万的观众真的会把那里当成邓肯和沃勒克所主张的"参观者与国家进行象征性交易的场所"[33] 吗？在那里，"个人通过强化与国家之间的联系，来换取国家的精神财富"，你果真有如此的参观体验吗？你与法国这个国家之间的联系（假设你的确有这样的联系）是否因为欣赏了卢浮宫展出的美索不达米亚、苏美尔（Sumer）、阿卡得（Akkad）、埃兰（Elam）、苏萨（Susa）、埃及新王国时代（New Kingdom）和法老时代（Pharoanic Egypt）、古希腊和古罗马以及欧洲文艺复兴、巴洛克、新古典主义和浪漫主义的精美文物而得到了强化？我猜，如果你和我有相同经历的话，你关心的也会是那些古老遥远的地域以及创造出那些物品并像你一样欣赏它们的人，你被物品令人震撼的美深深吸引，也许还会辨别出它们之间的相似之处，从而推断出一部漫长的地域间文化交流史。

不论法国的国家政治抱负是什么，以我的经历看，观众在参观卢浮宫及其馆藏的时候，国家是不在场的，抓住观众的是"展品"。此外，观众走入博物馆的金字塔入口，下到一个洞穴般的中央大厅，然后选择四个主展厅入口中的一个，进入由展厅组成的镜子迷宫当中。这样的入场方式也让试图控制参观者体验的努力付之东流：参观者在卢浮宫或者任何一家博物馆时都可以随心所欲地徜徉，一件一件地浏览那些吸引他们注意的展品，这正是参观博物馆的妙趣之一。如亚当·戈普尼克在纽约现代艺术博物馆会议上发言时所说，在博物馆里行走，你可以"构建属于你自己的故事，简单说就是不去关注那些你不感兴趣的东西……在我看来，人们需要博物馆，是因为博物馆是一个可以去看东西的地方，再没有比这更宏大或更必要的理由了"。

随着知识的范式因时间而发生改变，藏品也需要取得新的知识地位。英国艺术史学者斯蒂芬·班恩（Stephen Bann）提出，我们正在经历一场好奇心的回归（他用了 ricorso 一词），也就是说，对好奇的事物重新产生兴趣。班恩和我一样，都很享受邂逅奇妙事物并被它们吸引的过程："好奇心的重要作用在于，它提示我们，展品自始至终都是由相互关联但互不一致的意义交织在一起的，展品并不是人人涉足过的历史道路上的短暂落脚点。"[34] 我很认同这一观点。我还觉得，用任何方式给展品以突出地位（比如给予展品特定的空间），使之显而易见，都有可能甚至必然激发好奇心。根据我的经验，有重点有突出的展示足以激发观众的好奇心。

以芝加哥艺术博物馆入藏的一件执壶为例（彩图1）。这件器物具有天然的吸引力：它造型雅致，侈口、束颈、鼓腹，"硬质"瓷胎，釉面光泽透亮，釉下青花绘梅枝和果叶纹，青花发色深蓝，器身配以精妙绝伦的银托架，包括S形曲柄、覆斗形盖、瓶状钮、精巧的齿状纹饰以及造型大胆、极具标志性的凤首流口。气质优雅、闪闪发亮的银与坚硬如石、雪白的瓷及色泽浓郁的釉下彩相互搭配，不同材质的组合为执壶增添了韵味。[35]

瓷器在今天不足为奇，但在长达几个世纪的时间里，一直充满了神秘气息。13世纪末，马可·波罗（Marco Polo）最早使用"porcelain"一词，用以指代贝壳和细陶器，因为细陶器光泽而又坚硬的白色表面确实与贝壳类似（马可·波罗形容为"光亮美丽得无与伦比"[36]）。早期的阿拉伯商人以为瓷器是用石头做的，14世纪摩洛哥丹吉尔（Tangier）的旅行家伊本·白图泰（Ibn Battuta）认为，瓷器是由黏土和碎石块制成的。17世纪中叶，英格兰人还一直以为瓷器是由贝壳碎片制成。日本直到17世纪初才开始生产瓷器，欧洲生产瓷器则是在一个世纪之后。

伊本·白图泰还记录道，瓷器"被带到印度和其他地区，甚至远销至我国的马格里布（Maghreb），是最不同寻常的陶器种类"。中国瓷器贸易兴起得很快，并且发展迅猛。穆斯林商人的海上商路主要从埃及出发，经印度洋，沿着东南亚和中国的海岸前行。11世纪初，中国宋朝、印度朱罗王朝（Chola）与埃及法蒂玛王朝（Fatimid）开始频繁接触。从中国到越南、印度、斯里兰卡、东非、红海地区和埃及，都发现过早期中国瓷器。印度（包括从帖木儿[Timur]到贾汗季[Jahangir]的早期莫卧儿人[Mughals]）、伊朗、埃及、叙利亚和土耳其的帝王君主纷纷收藏了大量中国瓷器，伊斯坦布尔托普卡珀宫（Topkapi Saray）的早期中国瓷器如今仍是世界上数一数二的收藏，藏品来自贸易、外交礼品和掠夺，苏丹赛里木一世（Selim Ⅰ）在埃及和叙利亚的征战取得胜利后，大量中国青花瓷被转移至奥斯曼帝国（Ottoman）首都。[37]

不过，中国瓷器还不是贸易的全部。早期越南人仿制中国青花瓷已经达到很高水平，在越南中部海岸附近发现过一艘沉船，上面载有大约25万件15世纪晚期的越南外销瓷。这类产品大多被运往中东地区，在那里与中国瓷器会合。一部分中国瓷器上带有阿拉伯或波斯铭文，如芝加哥艺术博物馆藏的一件14世纪元代大型瓷盘（图1）（铭文位于盘底），这些铭文证明瓷器是专为阿拉伯市场定制的。1498年，葡萄牙人来到印度，并于1514年在澳门建立了据点。中国和越南的青花瓷从澳门一路向西，绕过好望角到达葡萄牙里斯本，再从里斯本运往北欧。数年后，西班牙人占领了墨西哥，从16世纪60年代开始，西班牙人前往菲律宾，用白银换取中国和越南的青花瓷及其他物品。他们把这些货物带回墨西哥，经陆路运至韦拉克鲁斯（Vera Cruz）后，再装船运到古

图 1　青花花鸟纹盘，中国，元代，14 世纪初。

凯特·S.白金汉基金会，1989.84，芝加哥艺术博物馆藏。

芝加哥艺术博物馆图片版权所有

图2　锡釉陶罐，墨西哥，塔拉韦拉－波布拉那－普埃布拉，1700—1750 年。
伊娃·刘易斯捐赠，纪念其夫赫伯特·皮克林·刘易斯，1923.1445，芝加哥艺术博物馆藏。
芝加哥艺术博物馆图片版权所有

巴哈瓦那，然后穿越大西洋，运抵欧洲。[38] 其中一些青花瓷留在了墨西哥，被当地人仿制，芝加哥艺术博物馆就有一件年代为 18 世纪初的罐子（图 2）。

前文所述的执壶制作于 16 世纪末中国明万历年间，银质配件由英格兰银匠于 1610 年前后镶嵌。（德国和英国分别现存有 1434—1453 年和 1516 年制作的青花银托架瓷器；匈牙利国王 1381 年的收藏中记录有一件彩绘镀金银托架瓷瓶。[39]）执壶的造型源自一种叫 kendi 的水器，kendi 型军持是 kundika 型军持的一种，在公元前 3 世纪军持就已经在印度出现，最初用于在佛教净化仪式中洒水。（请注意，在流的底部，覆斗形银部件下的球形凸起是军持原有的流。）军持借着佛教的传播被引入东南亚和东亚，芝加哥艺术博物馆的这件执壶原为中国工匠专为印度尼西亚市场而作，后来经印度洋辗转来到波斯，在那里被改造成水烟筒，随后于 17 世纪初或借助东印度公司到达英格兰，在加装了银配件后，成为英国国王詹姆斯一世时期（Jacobean）一位富有的收藏家餐桌上的摆设。

我们在博物馆展厅里欣赏这件执壶的同时会如何理解它？我们看到它的美，它揭示了国际文化交流的数百年历史，它的制作和装饰工艺复杂，相关工艺及随后兴起的贸易需要大量的资金投入，也正是这种贸易，把它从中国带到了伦敦。我们了解到早期海上贸易的历史、大英帝国的崛起，以及这一类器物在近代家用装饰工艺品中的地位。我们想象着执壶与其他银器、青花瓷（无论是产于东方还是欧洲本地，如荷兰代尔夫特 [Delft]）、波斯地毯、深色木桌、曲饰椅凳、插着蜡烛的黄铜烛台和精美织物摆放在一起。我们被执壶的改装经历吸引，它反映出人类为了自身用途和乐趣而改造传世品的倾向，作为人类，我们被迫去改造世界，使之焕然一新。

那么，我们还会在意欣赏这件执壶的地点 —— 在这个或那个展厅吗？其实它可以和任意一类展品放在一起：中国或欧洲展品，来自世界各地的青花瓷、盛水器、用新材料增加装饰的器物，或者是 17 世纪初制作的其他物品。我们的参观体验是否会因为执壶一次只能展出于一种位置、一种背景而打了折扣？当然不应该，因为我们手边有文字、声音和视觉辅助材料（包括展品说明牌、语音导览、照片；在电子屏幕上，这三样可以同时拥有），我们还可以（或即将可以）在展厅内把展品资料下载到掌上电脑，用电子邮件发送至家庭账户，再放入一个大文件中，这个文件将包含各家博物馆馆藏中其他相关展品的链接、这些展品的资料以及每份资料的参考书目。博物馆及参观者可以为展厅中的展品添加无穷无尽的背景信息，但无论怎样，一切都从展品出发。正如纳博科夫所言：“一旦我们关注某件实物，无论它是什么样的，关注本身都有可能让我们不自觉地陷入对这件物体的来龙去脉的思索。”物是第一的，其次才是话语。

从深层次来说，博物馆的参观体验具有批判性，也就是说，这种体验从欣赏展品（在艺术类博物馆，欣赏的对象是艺术作品）的真实面貌开始，不被偏好或先入之见所左右。艺术类博物馆的宗旨就是为久久凝视艺术作品创造机会，改变并加深参观者的第一印象，挑战并重塑参观者的期待，使之接受展品。这些艺术作品早于我们出现，要探究 / 发现这些作品的真实面貌，就需要抛开以自我为中心的思想。用英国道德哲学家艾丽丝·默多克（Iris Murdoch）的话说，这样做不无裨益：“一旦意识向无私转变，客观性和现实性就会开始产生益处。”莱昂内尔·特里林（Lionel Trilling）[①]在论述客观性的著作中表达过类似观点：“可以说，客观性就是对客体给予尊重，因为它独立于我们而存在……人们为实现客观性而付出的努力往往无法达到预期目标，而面对这一确定性，那些为之而努力的人仍在努力着，既出于某种知识上的荣誉感，也出于一种信

---

① 莱昂内尔·特里林（1905—1975），美国文学评论家，运用心理学、社会学和哲学方法评论文学和文化，代表作有《自由主义的想象》《对立的自我》《超越文化》《诚与真》等。

念，即在现实生活中，包括在道德生活中，哪怕奋斗只取得了相对的成功，也多少会产生一些益处。"[40]

客观是博物馆的使命。话语的展示依靠辅助力量，包括我们、策展人、评论家和历史学家，他们力求客观但往往不尽如人意。前文引述了博物馆评论人士的观点，令人诧异的是，他们忽视了博物馆参观者的个人自主性。在他们的想象中，参观者无意识地受制于博物馆的意识形态策略，并通过博物馆而受制于国家和政治社会精英；参观者缺乏独立思想，他们看不透博物馆在藏品展示或举办的展览中运用的话语结构；参观者自身无法做到客观。至于评论者本人如何摆脱博物馆的控制，如何在参观者看不透的情况下看透权力机器从而对其进行批判，我不得而知。既然他们能够做到，参观者和所有人又为何做不到呢？

现代自由主义理论家艾伦·沃尔夫（Alan Wolfe）说过，自由主义最大的贡献是，我们经由我们自己的审慎行动创造出来。[41] 作为自由机构的博物馆尊重个人自主性。我们认为，参观者可以自行决定他们的参观体验。他们带着各种准备来到博物馆，对即将看到的事物怀有具体的兴趣和好奇心，并抱有预期；他们随心所欲地漫步，自行决定参观顺序；他们在喜欢的展品前驻足，对不喜欢的展品视而不见；他们阅读精心撰写的说明牌，或者置之不理；他们可以使用博物馆提供的语音导览，也可以拒绝接受；他们想待多久就待多久，然后挥手告别。我们希望参观者能在展厅中发现自己感兴趣的东西，于是我们据此来展示馆藏。我们还协助提供简单的框架，方便他们四处参观。以芝加哥艺术博物馆为例，展览框架结合了地理、年代和类型因素：自中世纪至 19 世纪的欧洲油画、雕塑和装饰艺术靠近欧洲、美国版画和素描，对面是日本版画，紧挨着其他日本、韩国和中国艺术作品，然后是喜马拉雅地区、南亚和东南亚艺术，伊斯兰地区和古代地中海世界的艺术，再然后是现当代艺术、摄影、建筑和设计。这个顺序可以颠倒，也可任意调换。博物馆参观者可以选择自己的路线，假如他们想给参观体验制定一份"剧本"，也可以自行编写。

当然，参观者自己无法提供博物馆藏品。多年以来，藏品管理员代表公众构建了我们的藏品。我们有且仅有这些藏品，并且不会假装无所不有，但我们依然在朝着"百科全书式的博物馆"而努力，力求展示大部分世界文化的代表性艺术作品。我们的展示尽力突出单个作品的魅力，毫无偏袒、不带偏见地介绍它们在何处、被何人制作（这与普雷齐奥西所设想的"顺着欧洲现代化进程衡量所有非欧洲物品，并对其进行分级和排序"恰恰相反）。我们想让参观者体验展厅中单个的艺术作品，让每一件作品激发出批判性的"客观"反应，再由参观者把这种反应带到临近的艺术作品或较远展厅中的某件作品上。我们鼓励参观者建立展品之间的联系，但我们不能强迫他们，因为体验是属于参观者的，而不是我们。参观者也许会感受到斯蒂芬·格林布拉特（Stephen Greenblatt）①所说的"震撼"（wonder）或"共鸣"（resonance）体验（"震撼"的定义是："展品所蕴含的让观众停下脚步、表现引人入胜的独特性、引发高度关注的力量"；"共鸣"的定义是："展品所蕴含的超越形式边界、延伸至更广阔世界、在参观者心中激起复杂而活跃的文化力的力量，这种文化力是展品诞生的土壤，或许被参观者当作展品所象征的意义"[42]），也许不会。但我们努力向参观者提供这种体验的机会，我们的做法和250年前大英博物馆开馆时詹姆斯·恩普森的做法如出一辙：合理组织、公开展示我们的馆藏，吸引参观者对物品本身的关注。

我对艺术类博物馆的理解很简单，和斯韦特兰娜·阿尔珀斯的想法一致：博物馆"提供一片场地，让我们的眼睛得到锻炼，让我们受邀去发现视觉上吸引我们的期待之中和期待之外的作品"。[43]

一定有人觉得我的理解很虚伪、很天真，而且理论化程度不足。我

---

① 斯蒂芬·格林布拉特（1942—　），美国文学评论家、新历史主义的领军人物，在莎士比亚研究和早期现代文学文化研究领域颇具影响力，著有《莎士比亚的自由》《大转向：世界如何步入现代》《亚当夏娃浮沉录》《暴君：莎士比亚论政治》等。

却认为他们的批判纯属幻想，反映出他们思想上偏好以语言而非事实为基础的理论和观点。卡萝尔·邓肯承认："我没有调查成果用以说明参观者中的'平均'或代表性样本是如何解读或误读博物馆的。我所说的'参观者'只是假设的存在，是博物馆展厅中固有的理想类型。"[44] 换言之，邓肯在阐释博物馆展厅的意义或展厅遵循的"剧本"时，不希望被单个参观者的回应打扰，或者弄得更复杂 —— 可以说，那是邓肯自己杜撰的剧本，并被强加到她想象中的、充斥于展厅的"理想类型"身上。我眼中启蒙的博物馆，在邓肯及其共事者那里变成了话语的博物馆。他们把博物馆视为政治社会权力的意识形态工具，展品不过是高级叙事的手段，而我则把博物馆视为进行个人体验的公共场所。他们否定个人自主性，而我尊重并鼓励个人自主性。他们是后现代的中央集权论者，而我是现代派的自由信奉者。我拥护个人自主权原则、持久批判原则、反对教条的原则和公开使用理性的原则，认为博物馆的基础工作包括：以合理且引人入胜的方式把艺术作品摆在参观者面前，对我们保管的物品坚持不懈地开展历史研究。我在博物馆的经历无不暗示，事实确实如此。

这并不意味着我对客观而批判地体验单个的各类艺术作品不抱有更高的期望。恰恰相反，我认为这种体验有助于发现世界的真理 —— 不是某个普遍真理，而是复数的真理，每个真理都符合康德和特里林的批判精神，它们被当作论点提出来，用来调和单个展品（或事实）的真实面貌。什么是展品的真实面貌？从芝加哥艺术博物馆的青花执壶可知，真实面貌就是文化影响的融汇交流，它证明了一个真理，即文化永远是混合体，是人类交流碰撞的见证，文化永远是"杂交"和"混血"的，是对企图将文化本质化、宣称文化为己所有、宣称文化定义了本国 / 本民族并与其他所有国家 / 民族永久区分开来的这一政治本能所作的反驳。

在下一章中，我将会对这一点，对翻译和混合作进一步的阐述。在结束本章之前，我想简单说明一下，百科全书式的博物馆消解了对世界的无知，弘扬了对"差异"本身的探索和包容。芝加哥艺术博物馆的始创者们认为，博物馆凭借其公共空间和百科全书式的收藏，将促进在芝加哥多语言、多民族的人口中形成一种共有的市民身份认同。除了必须是芝加哥特有的外，他们没有规定这种身份认同的内容，他们也没有为参观者的体验编辑什么"剧本"。和詹姆斯·恩普森一样，他们只求清晰地展示馆藏，同时期盼让芝加哥多元化的人口聚在一起，创造一个共同对艺术作品进行批判体验的环境，以此促进芝加哥人的文化理解。在这点上，他们继承了启蒙运动前辈的思想，他们像休谟那样斥责知识和科学探索的专业化，像汉斯·斯隆爵士那样建起了一座百科全书式的公共博物馆，"尽力满足其好奇欲，亦能提升素养，增长知识，开阔视野"，"更为公众的广泛用途和利益"着想。

为公众提供便利，让大家"在同一屋檐下"接触到世界多样文化的代表性艺术作品，通过鼓励"公开运用理性"，为公共领域创造活力，为加强公民社会作出贡献，这是博物馆肩负的任务。这项任务很艰巨，但是有它足矣。

# 第三章  博物馆和世界主义

我更喜欢边缘：国家、族群、对国忠诚、亲近关系和根柢在这
里相互撞击——在边缘，世界主义不再是一种身份认同，更多的
是生活的常态。

——托尼·朱特（Tony Judt）[1]

伊本·白图泰，这位对中国瓷器贸易发表过见解的丹吉尔旅行家
（瓷器"被带到印度和其他地区，甚至远销至我国的马格里布"），出生
于 1304 年。1325 年，他开始了第一次朝觐之旅，横穿北非，途经巴勒
斯坦和叙利亚，向南到达麦加。后来的几年中，他的足迹遍及伊拉克、
波斯、非洲东海岸，远至今天的坦桑尼亚，其间数次回到麦加。1330
年，白图泰启程前往印度，经叙利亚、黑海和中亚西部，绕路去了一趟
君士坦丁堡，后又向东行进，经阿富汗到达印度河流域和苏丹穆罕默
德·本·图格鲁克（Muhammad bin Tughluq）位于德里的王宫。1341 年，
白图泰出使中国，不幸遭遇沉船，在印度南部、斯里兰卡和马尔代夫群
岛度过了随后的几年时光，1345 年再次乘船前往中国，经缅甸和苏门答
腊岛到达越南沿海。一年后，他回到了麦加，又于 1349 年到达摩洛哥丹
吉尔。在接下来的 5 年里，他游遍摩洛哥，前往穆斯林统治的西班牙南
部，还跟随骆驼旅行队穿越撒哈拉沙漠去了马里。1355 年，白图泰荣归
故里，奉苏丹阿布·伊南·法里斯（Abu Inan Faris）之命记下一路的所
见所想，写成《游记》（Rihla）一书。[2]

这 30 年中，伊本·白图泰大部分时间都在 Dar al-Islam（字面意思
为"伊斯兰腹地"）游历，他身为"一位有文化、有世界眼光、可以四
处旅行的精英人士和受过教育的探险家，在新兴的伊斯兰文明的中心寻

求热情接待、社会名誉以及赚钱的工作机会"。[3]

14世纪的伊斯兰世界拥有任何一个"共同体"（community）都具有的广阔而又多元的特质，其范围从摩洛哥延伸至遥远的印度和东南亚，伊本·白图泰在这一区域内行走了约7万英里[①]，被历史学家誉为"跨越半球的旅行"。[4]政治学家罗克珊·尤本写道，那时的伊斯兰世界是"一个高度世界主义的文明，占据着一片松散地连接在一起的领土，形形色色的民族自由地迁移、交融，不受现代民族－国家固定边界的阻碍"，它"代表的不是文化或语言的同质化，而是促进了极度异质化的共同信仰的框架"[5]。它不是一个只有单一身份认同的世界，而是多重混合身份认同的交汇地，是社会学家穆罕默德·巴米耶（Mohammed Bamyeh）所说的以"想象的统一体"（unity imagined）而不是"被宣告的非统一体"（disunity proclaimed）为特征的充满异质话语的全球性社会。[6]

我之所以在这里重提伊本·白图泰，是源于我对旅行和游记的兴趣——从希罗多德（Herodotus）到玄奘，从塞西杰（Thesiger）到奈保尔（Naipaul）、卡普钦斯基（Kapuściński）——旅行和游记能开阔眼界，加深我们对世界的理解，也会让这种理解变得更为复杂。[7]有的旅行者怀着极度超脱的态度漂泊不定；也有人至少在最开始时感觉到自我意识受到了威胁，从而退缩回熟悉的环境中，并不假思索地紧紧依偎，即使到了新地方也依然如此；还有人意识到所有的民族都有共同的天性、命运和身份认同，不管它们的文化和种族面貌有着怎样的差异。无论出于何种情况，我们都有将文化差异本质化、从文化的杂合中寻找文化纯粹性的倾向，旅行对此提出了挑战。哲学家保罗·利科（Paul Ricoeur）说："当我们发现，存在着多种文化而非一种文化，并且最终当我们承认，不管是真是假，某种形式的文化垄断已经终结，那么我们将面临被这一发现摧毁的危险。因为突然出现了一种可能，一切都是他者，连我们自

---

① 1英里约为1609.344米。——编者注

己都是他者中的一位'他者'。"[8]和我一样,利科对此持积极态度。

这里所说的旅行是指个人自愿发起的旅行(后面我还将详述非自愿的旅行)。我想指出的是,这样的旅行好比在百科全书式的博物馆里浏览展厅(当然是自愿浏览)。参观者在博物馆里遇见新奇而又陌生的事物和来自不同年代、不同地域的艺术作品,它们之间以难以理解的方式发生共鸣,迫使参观者构建参观体验的叙事形态。以芝加哥艺术博物馆藏的两件头像为例:一件是令人震撼的石膏像,她张大嘴,目光茫然,顶着一头跳动的卷发(图3),另一件是经过抛光的深色雕像,人物的面庞瘦长,表情凝重(图4)。参观者会怎么理解两者之间的异同呢?是从作品的文化或形态上的差异中,还是从战胜了这些差异的相似性中寻找问题的答案呢?

在与新奇且有差异的事物相调和的过程中,观众会构建叙事,这在某种程度上类似于旅行者的游记。用尤本的话来说,这些叙事体现了"在不断变换的、具有可变、偶然和持续性的倾向的作用下,夹在其间的故乡和他乡的意识如何产生并发生转变的过程。这些倾向的持续牵引和变化表明,故乡和他乡、自我和他者、熟悉和陌生都'不是瞬间的特性',而是会在旅程当中生发、转变和衰退,就如同河水在坚固的两岸之间流动"。[9]

我认为这是博物馆参观体验的真正"剧本"或叙事,它由参观者自己写就,而不是博物馆。参观者一边挨个浏览展品,一边被抓住他们眼球或激发他们好奇心的展品所吸引。这种自己来作主的、追求感兴趣事物的行为与旅行如出一辙,有助于提高参观者对多样文化背后的交织历史的鉴赏力。

本章中,我将探讨百科全书式的博物馆的参观体验,把它与旅行相类比,并认为旅行是一个翻译词汇、一种调和差异的手段,做翻译并不是简单地复制准确的意义,因为词汇是不固定的,而且翻译也无法消解词汇间的差异。一位翻译理论家写道:"之所以会产生语言的混合,是因

图3 美杜萨头像，意大利，安东尼奥·卡诺瓦，约1801年，石膏。

莱西·阿默尔基金，2002.606，芝加哥艺术博物馆藏。

图 4 芳人头像，加蓬，19 世纪中期，木、红铜。
弗雷德里克·W. 伦肖收购基金、罗伯特·阿勒顿和埃达·特恩布尔·赫特尔基金、
罗伯特·阿勒顿收入基金、格拉迪丝·N. 安德森基金，2006.127，芝加哥艺术博
物馆藏。
芝加哥艺术博物馆图片版权所有

为分隔语言'内''外'的，是具有弹性和渗透性的薄膜，而不是坚固的围墙；尽管语言的界限可以相互渗透，每种语言还是试图保留了各自相对于其他语言的'身份认同'。"[10] 就视觉艺术作品而言，我是认同这一看法的。如果一件艺术作品的创造是对另一件艺术作品作出的回应，那么这件作品并不会消解源作品，而是会永远改变我们对源作品的看法，因为我们把对它的"翻译"的体验返还给了它。我们会发现，"启发"和"回应"因此被永远关联在了一起，并相互促进。

将旅行、翻译和对百科全书式博物馆的体验联系起来，有助于鼓励世界主义的世界观。伊迪丝·格罗斯曼说，翻译"把陌生变得熟悉，允许我们短暂地离开自己的躯体，脱离自身的成见和误解。翻译以无穷无尽和无法形容的方式，扩展并加深了我们的世界和我们的意识"。[11] 我认为，这也适用于对百科全书式博物馆的参观体验：它鼓励观众更好地去欣赏世界各个民族和文化的"想象的统一体"，也就是罗马皇帝马尔库斯·奥勒利乌斯（Marcus Aurelius）所说的对"以共同智慧而非血缘或种族为基础的人类同胞手足之情"的世界主义欣赏态度。

我们会看到，这种思想不无争议。但我还是想表达一下真实想法。我与哲学家理查德·罗蒂（Richard Rorty）和夸梅·安东尼·阿皮亚①（Kwame Anthony Appiah）是站在一边的，两人分别写道："近期的社会政治发展或哲学思想没有理由妨碍我们构建世界主义社会的努力"，"世界主义者明白，人和人是不同的，我们之间的差异有很多值得学习。"[12] 我认为，百科全书式博物馆正是进行这类学习的场所，并且从根本上说是世界主义的机构。

---

① 夸梅·安东尼·阿皮亚（1954—　），美国哲学家、非洲和非洲裔美国人研究学者，在政治哲学、道德心理学、文化哲学等领域颇有建树，代表作有《在我父亲的房子里：文化哲学里的非洲》《想透彻：当代哲学导论》《认同伦理学》《世界主义：陌生人世界里的道德规范》《荣誉法则：道德革命是如何发生的》等。

图 5　埃多人战争首领铜板，尼日利亚，贝宁王宫，16 世纪或 17 世纪，黄铜。

塞缪尔·P.埃弗里基金，1933.782，芝加哥艺术博物馆藏。

芝加哥艺术博物馆图片版权所有

罗克珊·尤本对"求索知识"的旅行和游记感兴趣。不过她也承认，这种追求既不单纯，也不是人人都能平等享有的，因为在我们这个时代，"边界可以渗透，对国家的忠诚可以转移，网络变得虚拟，身份也变得有弹性，前所未有地激发着语言流动、偶然、可变和暂时的特性及其持续的变化，削弱了语言的稳定性、持久性和固定性……很多时候，这些旅行经历发生的条件是地域、文化、国家、跨国族群、国内族群之间及其内部存在着极度的不平等"。[13] 这便是我们今天所处的后殖民世界的特点。在本书第四章中，我会再讨论这个话题。这里我只想强调，这些条件是知识求索的一部分，知识的求索贯穿于旅行（和对百科全书式的博物馆的体验）过程中，并且让我们得以发现，差异和不平等都是因世界文化、经济和政治关系的复杂结构而造成的。

我说过，旅行有自愿和非自愿之分：既有游客、商人和学者，也有奴隶、移民和难民。这本身对百科全书式的博物馆很有借鉴意义。以图5中的西非贝宁（Benin）王国铜板为例，1897年，为了替牺牲的战友报仇，英国军队以暴力手段夺取了这块铜板，从它不规则的形状和粗糙的边缘可知，铜板是通过粗暴的方式获得的。我们对这件文物的外观作出叙事性回应时，必须考虑到它在19世纪末两国国力不对等的历史背景下所处的地位，当时大英帝国控制着西非贝宁地区的大部分贸易，并对该地区的政治关系施加了强大影响。

不过，你也会惊叹于铜板的精湛做工，它集艺术造型和高超工艺于一身。这种青铜和黄铜的制作工艺不仅是数百年来技术进步的成果，更需要消耗大量财力，所以，当这些铜板刚被带回欧洲的时候（在它们被英国军队夺取之后）引起了巨大的轰动。"原始"的非洲人竟能造出如此精美的金属器？[14] 你会被铜板上的人物所吸引，那是一个手握礼仪性宝剑的随从，在宫廷仪式上，他会在国王及供奉国王祖先的器物面前抛掷、转动这把剑，这是一种效忠的表示。贝宁王国是一个好战的国度，自15世纪下半叶到400年后被英国占领，战争一直是贝宁帝国壮大的动力。[15] 这块铜板对暴力并不陌生——不论是烈火的炼就、在好战的文化中扮演的角色，还是与另一个帝国发生对抗、最终被人夺走（一个帝国对抗另一个垂暮的帝国）。所有这些，以及流落异乡的多重含义，都是我们在博物馆展厅里遇到这件物品时需要考虑的。

另一件展品是 19 世纪末或 20 世纪初可能产自塞内加尔的嵌有护身符的织物（彩图 2）。[16] 早在 8 世纪初，借助于一个世纪前便已开始的与北非地区的贸易和商业往来，伊斯兰教传到了西非。伊斯兰教对非洲跨撒哈拉商路沿线的历史贡献之一就是文字的传播。许多穆斯林学者兼商人来到这里，担任当地国王的顾问和书写员，辅佐国王治理国家。有了文字和阅读能力后，人们就可以宣讲《古兰经》。（今天我们对西非早期伊斯兰教历史的了解多来自伊本·白图泰等人的早期游记。14 世纪 50 年代，白图泰曾经沿着贸易路线远行，到达了马里。）

流行于塞内加尔的伊斯兰教神秘主义苏非派（Sufism）相信，反复念颂《古兰经》经文是表达虔诚的一种方式。这件织物上写满了阿拉伯文的《古兰经》经文，应该是用来诵读的。这些文字呈棋盘格状排列，围绕在不同的格子图形周围，让人联想到数字幻方。苏非派认为，数字幻方体现了神圣而又神秘的力量。织物上还嵌着护身符，写有圣洁文字（《古兰经》经文、其他宗教文本或幻方）的纸被折成小方块塞入其中。这件织物可以随意折叠、随身携带，它曾经走村串户，在苏非派仪式上佩戴在神职人员身上，反映出伊斯兰教沿商路从阿拉伯半岛向西穿越非洲的传播过程以及伊斯兰教的礼仪习俗。在理解这件引发无数遐想的展品时，要考虑到伊斯兰教的传播、伊斯兰教在贸易和由此产生的政治关系中的作用以及苏非派的具体习俗。

我们再来看一件展品：这件唐卡（彩图 3）诉说了佛教从印度北部传播到中国西藏的故事。僧人可以轻松地把它卷起，从一座寺庙带到另一座寺庙。唐卡表现的是药师佛 [17]（藏语称"门拉"），他坐于莲座上，作沉思状，身披袈裟，通体呈蓝色，这是青金石的颜色，青金石被认为可去除贪、嗔、痴三毒，在古代因稀有和纯净而备受珍视。主尊左右有胁侍菩萨（右为日光菩萨，左为月光菩萨），他们决意留在生死轮回中，导化众生，为其解除疾苦。三尊像四围环绕有其他诸佛、菩萨和骑兽护法神形象（原型为印度教神灵），底部绘藏传佛教财神。药师佛正下方绘莲花生（Padmasambhava）像，莲花生是印度高僧，8世纪末受藏王赤松德赞（Trisong Detsen）之邀赴西藏传法，建立了藏传佛教的宁玛派（Nyingmapa）。这些形象会引发佛教信徒们对于佛医除病苦烦恼的思索，对于身处博物馆世俗场所的我们而言，则吸引我们关注思想传播的现象以及佛教从印度、不久后又从中国中原（以禅宗形式）传入西藏的历史。

让我们继续。在青花执壶（彩图1）的故事中，我们看到了旅行和翻译的作用。几乎每件展品都有类似的故事。有的故事非常简单，如约翰·辛格·萨金特（John Singer Sargent）《意大利弗拉斯卡蒂，托洛尼亚别墅的喷泉》（*The Fountain, Villa Torlonia, Frascati, Italy*）（图6）中讲述的文化之旅的故事，这幅画描绘了美国画家简·德格伦（Jane de Glehn）和她的英国画家丈夫威尔弗里德（Wilfrid）在意大利旅行途中一同作画的瞬间。也有的故事比较复杂，如这尊集合了希腊化、印度和中亚风格的犍陀罗菩萨像（图7），从它的身上可以解读出一段有关帝国文化遗产的错综复杂的故事，它见证了亚历山大大帝（Alexander the Great）在公元前330年击败波斯帝国之后征服犍陀罗（Ghandara，靠近今阿富汗的兴都库什地区）、三年后入侵印度并最终从印度折返的历史。

道理其实很简单：我们在前一章已经知道，展品会讲故事，而且大多讲述的是和旅行、迁移、传播、翻译有关的故事（犍陀罗菩萨像身上的希腊式优雅和肌肉，他的华美璎珞，是对某位举止高贵的印度王子的回想或者说"移译"）。和语言一样，这些展品都是混合体。在百科全书式的博物馆里浏览一件件展品、一个个展厅，会促使你好奇地探索文化关系的复杂历史和这些历史之间的艺术性移译。

图6 《意大利弗拉斯卡蒂，托洛尼亚别墅的喷泉》，美国，约翰·辛格·萨金特，
1907 年，布面油画。
美国艺术之友藏品，1914.57，芝加哥艺术博物馆藏。
芝加哥艺术博物馆图片版权所有

图 7　菩萨立像，巴基斯坦，犍陀罗地区，2 世纪或 3 世纪，
千枚岩。

詹姆斯·W. 和玛丽莲·阿尔斯多夫藏品，198.1997，芝加哥艺
术博物馆藏。

芝加哥艺术博物馆图片版权所有

我们转向一件比较新的作品。1990 年，芝加哥艺术博物馆购入《禅的习作》（*Zen Studies*）系列，这是当代美国画家布赖斯·马登（Brice Marden）创作的六幅蚀刻版画（图 8 和图 9）。[18] 在这之前的六年中，马登的关注点发生了转移，从只用油彩和松油醇创作单色布面画（此前约 20 年里，他一直在探索深度饱和色块的丰富比例和组合，用油彩和蜂蜡绘制单色布面画），转为以中国和日本书法为灵感、用薄画法绘制带潦草图形的油画。

1983 到 1984 年，马登游历了泰国、斯里兰卡和印度，这场旅行也是一次朝圣。回到纽约后，他参观了在亚洲协会（Asia Society）举办的一场日本书法展。[19] 接下来的两年，他阅读了大量英译的中国诗歌，特别是隐居山间的唐代诗人寒山的作品。在赤松（Red Pine）的英译本中，左页是汉字排版的诗歌原文，右页是对应的英文译文。马登说，正是因为这本书，他才开始跳出书法的范畴来看待亚洲文字 —— 它们是语言，而不仅仅是视觉标记。[20]

马登被寒山诗中质朴而又敏锐的美感深深触动：

> 碧涧泉水清，
> 寒山月华白。
> 默知神自明，
> 观空境逾寂。[21]

虽然马登不是佛教徒，但他还是带着禅思去阅读关于禅的文字。他发现，禅对圆满——"悟"——的追求有益于个人创作："我如果想实现圆满，就会选择一种办法，禅或是别的什么，然后付诸行动。我觉得，我已经做好了选择，那就是绘画。"[22]

1986 年，马登开始《致王红公的版画》系列（*Etchings to Rexroth*）

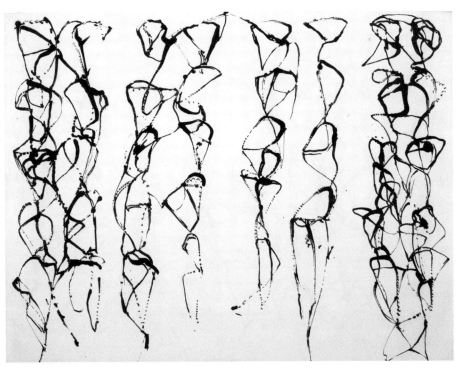

图 8 《禅的习作：寒山系列之一》，美国，布赖斯·马登，1990 年，白色布纹纸，腐蚀法凹版画。

罗伊·弗里德曼夫妇、拉尔夫·戈登堡夫妇、刘易斯·马尼洛夫夫妇有限捐赠。

1990.504.1，芝加哥艺术博物馆藏。

芝加哥艺术博物馆图片版权所有

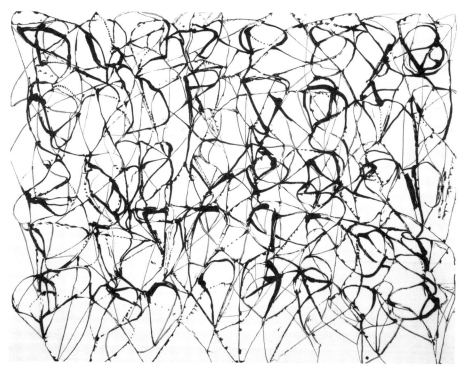

图 9 《禅的习作：寒山系列之三》，美国，布赖斯·马登，1990 年，白色布纹纸，腐蚀法凹版画。

罗伊·弗里德曼夫妇、拉尔夫·戈登堡夫妇、刘易斯·马尼洛夫妇有限捐赠。

1990.504.3，芝加哥艺术博物馆藏。

芝加哥艺术博物馆图片版权所有

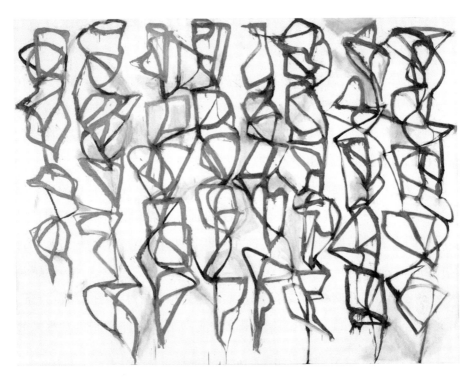

图10 《寒山一·道》，美国，布赖斯·马登，1988—1989 年，亚麻布油画。

私人收藏，美国纽约马修·马克斯美术馆提供。

布赖斯·马登／纽约艺术家版权协会版权所有。

马修·马克斯美术馆供图

20 幅蚀刻版画的创作（他阅读了大量王红公 [Kenneth Rexroth] 译 8 世纪唐代诗人杜甫的作品；这些蚀刻版画以作品集的形式分别发表，后来又推出了限量版的凸版印刷合集，收入了 36 首王译诗歌）。[23] 这些蚀刻版画是对汉字的粗略"移译"，因为那些复杂交错的黑色线条极具书法气韵。1987 至 1988 年问世的一组 20 幅油画更为大刀阔斧地探索了这种视觉关系。1988 年，马登开始创作他本人称之为"图形对句"、简称"对句"的油画系列，画中呈现数对并排的竖列，每列各有五个图形（他称为"字"）。

一年后，马登借用"寒山"的名字绘制了《寒山一·道》（*Cold Mountain 1 (Path)*）（图 10），该油画由八列（或四个"对句"）组成，每列五个"字"，他仿照汉字书写的顺序，从上至下、从右至左，在涂白的底色上用黑色油彩绘出了这些"字"。

马登觉得，这幅画是一段徐徐展开的叙事 ——"我把它想象成一幅书法的手卷"—— 人们可以去体会、去见证。他希望这种叙事可以让同一时期的素描作品保持新鲜，让这种叙事"更直接地参与绘画行为和自发行为"，为其增添一层细致观察和自发回应的节奏感。这种节奏感跳跃于字里行间相互交织的线条中，以及用浅色线条衬托突出深色线条、由此营造出的翻花绳般的整体效果之中（初见于这件作品，在后来的《寒山》油画系列中越发显著）。

就在他为《寒山》油画系列而努力的同时，马登也在创作《禅的习作》，即 1990 年入藏芝加哥艺术博物馆的蚀刻版画系列。他对每件版画的发展过程颇感兴趣，他给原有的线条增加新的交织，形成一种渐进的"状态"。由此，在《寒山》油画系列的创作中，他开始思考这些画作的发展阶段与独特"状态"之间的相似性。在大约一年的时间内，马登不时为这些正在创作中的油画拍照，这样，图像的构建过程变得一目了然，早期阶段的痕迹在最终状态中仍然不难被发现，它们在后来新增的线条之下，变为了浅色的"幽灵"线条。[24]

马登画油画的时候，与画布相隔 1.5 米，身体前倾，用一根加长的笔作画，每个"字"都用连续的一笔完成。他会用刀刮去颜料（通常要刮很多次），用笔重新上色，再刮去一些，然后后退几步，思索他的下一笔，再画、再刮，用浸满松油醇的纸巾擦掉某个线条或部分线条，反反复复地修改、擦除。他说：

> 《寒山》油画系列的目标之一是达到忘我，就像我在画素描时的忘我。素描一点也不可怕，画的比例和所用的材料是随意的。画素描时，我不用去顾虑事情的走向，我的意思是，不只是我的创作走向，而是更实际的每一笔在纸上的去向。有了无所顾虑的自在，我做决定时会更自主、更有活力，无需多想，对于我而言，我在画画时进入了冥想境界。[25]

马登承认，《寒山》素描、油画和相关版画都受到了中国书法的影响：

> 它们不是对特定景物或事物的描绘……它不是一种书写形式。我没有去尝试创造语言。我思考中国书法的方式很简单，就像我虽然不懂中文却能欣赏汉字……不过，如果有人替我翻译出来一段，让我能听出其中的关联，那我也会受到触动。我采用了书法的形式，书法消失了，但还是以某种方式存在于画中。[26]

他也承认从中国画中汲取了灵感：

> 《寒山》素描系列现在更像是中国山水画了，而不是书法……它们描绘了"奇山"上的具体地点和灵感。对于我而言，素描表现了一个人的状态，他站在画中，欣赏这座山，就是这样的一种

体会。我发现，中国的东西很有意思……中国绘画关乎一种悟境……画中通常会有那么一个人，他不是在领悟什么，就是在实现领悟的旅程途中。

当时马登对 14 世纪元代画家倪瓒的画抱有独特的兴趣。[27] 倪瓒和寒山一样都是浪迹天涯之人，只不过原因不尽相同。他的画象征性地记录了对空寂山水的回应：近处是几丛树，远方是一座山；用干笔和微妙的差异描绘出每一种图像，以此来"表现本人境遇和心境上的改变""让画中素材消失于无形，一洗沉重乏味之感"。[28] 倪瓒在一幅画中题写道：

> 江渚暮潮初落，
> 枫林霜叶浑稀。
> 倚杖柴门阒寂，
> 怀人山色依微。[29]

马登的《寒山》油画系列（之一为《道》，之五为《开》[Open]，之六为《桥》[Bridge]，其余的没有标题）也有一种流浪的味道。画中的线条是艺术家作画过程中走过的实实在在的路，下行的流畅节奏宛如河水流经石子，圈圈绕绕有如小水洼和旋涡。

书法和绘画在中国艺术中相互穿插，而且都历史悠久，是"三绝"中的两绝（第三绝是诗歌，绘画中也常有题诗）。学者型画家赵孟頫不仅在绘画上备受尊崇，也是那个时代书法上的领军者。和比他年轻的倪瓒一样，赵孟頫经常以诗入画，将绘画、书写两相比较。[30]

中国画多采用手卷的形式，随着画卷的展开，穿插于其中的画和书法共同讲述一个故事。高居翰（James Cahill）说，在山水手卷中，"观者经历一次假想的连续不断的旅行"。[31] 我们已经知道，马登创作油画《寒山一》的时候，他脑子里浮现的是一幅手卷及其叙事形式。如果我们看《寒山二》（*Cold Mountain 2*）（彩图 4）中那游走的油彩线条绘出轻雾和蜿蜒的山路，不禁会想到他当时读过的诗：

> 登陟寒山道，寒山路不穷。
> 溪长石磊磊，涧阔草蒙蒙。
> 苔滑非关雨，松鸣不假风。
> 谁能超世累，共坐白云中。[32]

　　而那幅画并不是这首诗或任何一首诗的配图，而是"移译"了马登对于中国诗词、绘画和书法的钟情（马登永远的试金石——杰克逊·波洛克 [Jackson Pollock] 的绘画亦是如此）。马登的画和其他任何作品（哪怕只是一部分）都没有一一对应的联系，但是所有作品合起来对《寒山》系列产生了很深的影响，具体表现在"语言的冲力、结构上的节奏感、微妙的深意、遣词造句中复杂的意义和暗示，以及根据那些调性推断出来的弥漫四周的文化推论和结论"，翻译家伊迪丝·格罗斯曼认为，这些都是翻译作品的关键所在。[33]格罗斯曼写道："整体语境包括感情基调和冲击力、文学典故和每一种表述的隐含意义和指示意义。字词只有作为整体语境不可分割的一部分才能产生意义。"[34]这对于视觉艺术作品同样适用。马登《寒山》系列油画、版画和素描作为整体语境（"隐含意义"）的一部分，画中的图像、潦草的线条、情感语域和"意义"都是整体语境的标志。

　　格罗斯曼对翻译的重要性有着深入思考，因为翻译不仅"允许我们短暂地离开自己的躯体"（我在前文已经提到），还丰富了语言本身的特性：

> 　　一种语言如果能吸收更多新元素和外来词汇，那么，作为表达中介，这种语言就会变得更壮大、更有力量、更灵活。无知的政府

和排外的社会运动杜撰出子虚乌有的语言"纯洁性"并加以推广，在国家疆域内限制使用其他语言，这是多么悲哀。世界范围内的潮涌是不可避免的，它们丰富了澎湃于不同文化间多语种的大潮流，如果它们拒之于门外，那么，它们想要保留的所谓语言终将因缺乏新奇而又陌生的表达和沟通手段而变得老损、腐朽和贫瘠。[35]

这也适用于视觉艺术。看看马登的《寒山》油画系列，你能想象如果艺术家缺乏任何可汲取灵感的文化资源，会是什么后果吗？[36]

以上几个实例都来自同一座百科全书式的博物馆，它们提醒我们，长久以来，艺术作品一直诉说着关于根柢与道路（roots and routes）的故事。这些实例见证并支持了艺术作品的翻译和"转移"。

尽管我们所处的全球化世界在沟通交流的步伐、程度和方式上存在差异，与我们相连的身份认同和情感牵挂却处于时刻流动的状态，而且也不是什么新生事物。穆罕默德·巴米耶说过："全球化是一个久已有之但又被重新提起的故事。"[37]

最近，随着全球化脚步的加快，人们对世界主义世界观带来的好处和困境有了新的思考。（和启蒙运动一样，目前对世界主义的兴趣呈现所谓复苏之势，当然，世界主义本身是由康德在18世纪八九十年代复兴的。）[38] 1995年，在康德《永久和平论》（*Perpetual Peace*）① 发表200周年

① 《永久和平论》受法国启蒙思想家卢梭的社会契约论影响，"以之论证《世界公民观点之下的普遍历史观念》一文中的一个基本论点，即各个国家联合体的世界大同乃是人类由野蛮步入文明的一个自然的而又必然的历史过程。"参见康德，《永久和平论——一部哲学的规划》，载康德，《历史理性批判文集》，何兆武译，商务印书馆，1990年，第100—148页。

之际，哲学家玛莎·努斯鲍姆（Martha Nussbaum）①撰文追溯康德世界主义的源头和意义，包括犬儒学派的第欧根尼（Diogenes the Cynic），当他被问及来自哪里的时候，他的回答是，"我是世界公民"；斯多葛学派及其"世界公民"（kosmopolitês）思想，即每个人都生活在两个社会中，一个是我们生来归属的本地社会，另一个是更广泛的人类理想社会，后一个社会，用塞内加（Seneca）的话说，是"真正伟大的共同社会，在这里，我们的眼光不局限于任何一个角落，而是用太阳来衡量国家的边界。"[39]玛莎·努斯鲍姆认为，包括这些在内的思想源头对康德都产生了影响，使得他所维护的政治学基于的是理性，而非爱国主义或集体情感。

1994年，努斯鲍姆曾发表《爱国主义和世界主义》（Patriotism and Cosmopolitanism）一文，后来又加入16位学者的回应和努斯鲍姆本人的回复，于2002年集结成书出版。[40]书中，她再次提及斯多葛学派并称赞道："我们初次效忠的不应是任何形式的政府或暂时的权力，而是由全人类组成的道德社会。"和康德一样，努斯鲍姆认为，世界主义思想鼓励我们从他者的视角来观察自己，让"我们分辨出自身行为中本地和非本质化的部分，和更广泛或更深层次共通的部分"[41]。

夸梅·安东尼·阿皮亚在回应中则认可世界主义观的爱国主义："世界主义观的爱国者认同一种可能的世界，在那里，人人都是有根的世界主义者，尽管他们都有各自的故乡，每个故乡都有各自的文化特性，但他们都能欣赏别样的他乡的存在，那里是别样的他者的故乡。"阿皮亚总结说，"身为世界主义者"，我们应该"维护他者在民主国家中生活、在国境内外享有丰富联系的权利，他们可以是那些国家里的爱国公民。身为世界主义者，我们替自己主张这一权利"。[42]

---

① 玛莎·努斯鲍姆（1947—  ），美国哲学家，在古希腊和古罗马哲学、女性主义哲学、政治哲学、哲学与艺术等领域拥有很深的造诣，著有《欲望的治疗：希腊化时期的伦理理论与实践》《诗性正义：文学想象与公共生活》《女性与人类发展：能力进路的研究》《告别功利：人文教育忧思录》等。

政治学家理查德·福尔克（Richard Falk）为努斯鲍姆"暗中鼓励'非此即彼'的两极化观点"感到不安，因为这造成了"国家/民族意识与世界主义意识之间的紧张"。福尔克认为，在当前的阐述下，无论是爱国主义还是世界主义都无法为20世纪末（放在今天，他还会加上"和21世纪初"）的政治环境开辟一条出路。他指出，当下，"各种类型的地区化和全球化，尤其是形式复杂的经济融合、表意符号融合和电子融合，正在日益严重地危及（或者说挑战）国家自主性和优先性"（他认为这是国际社会的组织基础），"甚至将其取而代之"。更有甚者，"市场驱动的全球化目前正受到跨国公司、跨国银行、货币交易商和赌场资本家的推动，如果全然不顾由此带来的颠覆性挑战，而把不切实际的世界主义当成民族爱国主义的替代品，就会有纵容当代版'糊涂的天真'的危险"。福尔克主张在"无差别的爱国主义"和世界主义之间重新划分，"在扩大参与思想与实践、扩大跨国斗争地点的责任的基础上"重塑爱国主义。这样一来，爱国主义和世界主义就有可能共担使命，"为实现人道国家和人道地区、实现正当而包容的全球化（这取决于跨国社会力量的建树）重新创造条件"。[43]

社会学家内森·格莱泽（Nathan Glazer）在回应中指出，现代世界的良性转变过程"只能由拥有合法性和权力的机构，即民族国家"来协调完成，而且确实"没有其他途径来实现世界主义那些美好的一面"。[44]与格莱泽相似的是，文学学者伊莱恩·斯卡利（Elaine Scarry）认为，世界主义的道德福利只能依靠宪政手段或政府组织来维持，个人则通过民族主义同政府组织产生联系："企图用国际主义代替民族主义，通常会导致立宪政治被摒弃，转而投奔可概括为'盛情的想象'的不可靠的好意。"她总结道："由法律机构来完成的工作，是无法由情感机构来完成的。我们需要宪法来支撑世界主义的价值观。"[45]

艾伦·沃尔夫与伊莱恩·斯卡利持同样的观点。在《自由主义的未来》（*The Future of Liberalism*）一书中，他写道：

我们不是脱离任何特殊共同体的无根个体，自由主义者相信，反而是生活在社会之中，那些社会继续因为特殊的历史、政策、传统和公义而自认是民族 — 国家……缺了民族，无论自由还是平等都不可能实现，因为自由预设了社会的存在，平等需要国家规定的政策。一个世界公民也必定是某特定国家的公民。自由主义者面临的难题不是要不要在民族的和全球的责任之间选择，而是怎样设法平衡它们。[46]

沃尔夫把浪漫民族主义与宪政爱国主义作了对比：前者将本国与他国的差异本质化，认为这些差异是天然存在、无法割舍的（如赫尔德所言；见第一章），宪政爱国者则"以世界主义的姿态热爱她的国家；她承认它只是众多国家中的一员，希望看到它无负于铭刻在它的建国文献中的那些原则，祈愿它遵守正义和人权的国际规范"。[47]

除了一个特例之外，这些观点都代表了近年对世界主义的前途的广泛回应：世界主义是消极民族主义的对立面；世界主义认可符合道德的爱国主义；世界主义不会视而不见全球化带来的负面后果；若缺少本地的和国际的政府力量，世界主义只能流于空想。这里没有提及的回应，是某些人所说的"新世界主义"（new cosmopolitanism）。

罗克珊·尤本在描述"新世界主义"不断延展的意义时说，或许新世界主义"预示着我们将进入一场关于本地和全球、有根和无根、特殊主义和普遍性的实际或理想关系的辩论，这样理解起来才会更有意义，而不是把它理解为一套和谐的经验论证或规范论证"。[48]罗克珊·尤本引述萨米·祖拜达（Sami Zubaida）的话举例说，很多人认为，世界主义"不是关乎多元文化共生的事实，而是多重生活方式和思维方式的发展过程，它们脱离于原生群体和文化、惯常生活以及家庭和故乡中心观，借鉴了多样的思想、传统和创新，发展成为一种文化混合的生活"。[49]

2002 年，一群南亚学者推出了一本论文集，围绕世界主义探讨了当下持续变化的形势。[50]他们设想的今日世界主义并非源自理性、普遍性和进步带来的好处，或"世界公民"这一理想身份，而是基于全球资本主义的政治和经济形势。"今日世界主义者多是现代性的受害者，他们既缺乏资本主义的爬升力，也失去了国家/民族归属所带来的舒适感和习俗。难民、流散者、移民和流亡者代表了世界主义共同体的精神。"[51]他们呼唤从"少数主义的现代性"（minoritarian modernity）中发掘对当代世界主义的思考，并对他们眼中的新自由主义观的世界主义——"游离、漂浮不定或概括性的科学思想或人文思想"——持批判态度。他们没有把普遍价值置于世界主义思想的中心（即康德对人类尊严和理性的重视），而是认为"世界主义必须向多元模式和历史作出让步，尽管那些模式和历史不一定在程度或概念上在地区、国家或国际范围内共享，但它们共同组成了世界主义实践和历史"。[52]他们还坚持认为（这是他们真正的贡献），对世界主义的任何考量都必须把欧洲以外人民独特的历史和实践包括在内，特别是那些在地理、政治和经济层面被边缘化的庶民阶层（subaltern people）。

书中，梵文学者谢尔登·波洛克（Sheldon Pollock）撰文对比了拉丁文和梵文文学文化的世界化动力以及与方言之间的关系。两种语言早在公元前就已经开始了"空间上的传播和表达上的精细化"，在四五个世纪的时间内，梵文作为文学和政治语言被使用，其范围遍及今阿富汗—印尼爪哇岛和斯里兰卡—尼泊尔一带；拉丁文也以类似的方式在大不列颠岛—毛里塔尼亚（非洲北部）及美索不达米亚-巴勒斯坦一带使用。不过，波洛克断言，拉丁文是作为征服国和传教教会的语言而传播的，一路"横扫"所有文学文化；与之形成对比的是，梵文的国际化是通过"商人、知识分子、宗教专业人士及自由探险者"的流动而实现的，"梵文从不排斥当地文字，而是在所到之处，而且常常是在甫一落地时，便调和促成了当地文字的诞生"。在波洛克描绘的图景中，"如果说两者的世界主义的相似之处是超越当地局限、激发生活于更广阔世界的观念，那么在方式方法上，两者的世界主义存在截然的不同：一个具有强迫性，一个则以自愿为基础"[53]。

波洛克也承认，这些都已是陈年往事，今天的情况又有所不同。在当今印度，"地区、宗教和种姓制度内部存在着极为脆弱的断层线，后殖民主义的怨恨及现代性释放出的毒素——'激进主义印度教'——在发生诡异的变化，本土性（vernacularity）就产生于这样的环境之中"。[54] 这种情况下，"普遍性"局限于狭隘的印度教观念，与世界主义无缘，是一种不基于国家的激进的民族主义。波洛克的难处在于，如何能让数百年前便已在梵文圈显现的世界主义在今日容纳本土性的存在。波洛克并未给出具体建议，但他总结说，"未来必定是两者并存，而不是非此即彼"。[55]

马马杜·迪乌夫（Mamadou Diouf）也在纠结同样的问题："如何对全球化进程和全球化当中包含的个体短暂性和本地理性的多样性作出解释？"他从穆里德教派（Murid）商人身上找到了答案，他们隶属于一个19世纪创立于塞内加尔的伊斯兰教团体。殖民统治结束后，这些商人奔走于世界各地，在售卖商品和参与市场竞争的同时，也在不断扩大的移居中保住了他们的文化传统和随遇而安的"在地"认同。迪乌夫称，这样一来，"他们把自己全球化了"。理论上，这其实并无太多新意，这是移居群体一直以来的做法，生活在欧洲和北美的犹太教哈西德派群体（Hasidic community）就是例子。迪乌夫的观点关心的是全球化，与世界主义无关，或者说，他关心的是把世界主义当作一个框架，在全球商业网络的范围内容纳在地认同的存在："商业的运作模式为世界主义作出了本地贡献，在全球化进程的中心突出展示了世界主义，由此推动了丰富多样的世界主义形式和西方化进程的丰富多样的本地版本。"[56] 书中另一位作者沃尔特·米格诺罗（Walter Mignolo）这样写道："今日世界主义应该是具有批判性和对话性的边界思维，应该从当地历史的角度出发，那些历史一直以来都在应对全球发展模式。多样性应该是关于批判性和对话性的世界主义的持续不懈的实践，而不是畅想未来和理想社会的蓝图。来自（抽象的普遍性这一）单一观点的蓝图将（再一次！）使我们退回至古希腊模式和欧洲遗产。"[57]

世界主义不同于全球化。世界主义关注的是商业交易和文化来往越发频繁的动态世界中，如何解决身份认同和情感牵挂的问题；世界主义允许多样身份认同的存在，这种身份认同是选择的结果，而不是由出生或国籍决定；世界主义认可对共通的历史和未来前途拥有共同的认识、分担共同的利害。我们已经清楚，不是要在世界主义和爱国主义之间作出选择。我们面临的挑战是，在一个民族主义和文化激进主义日益高涨的世界里，如何鼓励对差异和自我身份认同自由的尊重。

2004 年，政治哲学家塞拉·本哈比（Seyla Benhabib）①在加州大学伯克利分校坦纳系列讲座（Berkeley Tanner lectures）上演讲时表示："我们进入了全球公民社会发展过程中的一个阶段，其特点是：国际公正规范正在向世界公民的公正规范转化。"国际公正规范产生于条约义务和双边及多边协议，制约着国与国之间的关系，而世界公民的公正规范"把个人视为世界范围的公民社会中的伦理意义上的人和法律意义上的人"。这两套规范都会约束主权国家的意愿并使之屈服。不过，与世界主义的其他表现形式一样，"世界公民的公正规范的推广与民主自决之间的关系是令人担忧的，无论是在理论层面还是政治层面"。因为"现代民主以普遍原则的名义行事，那些普遍原则却被限制在某个特定的公民社会之内"。[58]

如何成功调解世界主义和一个民族的法律传统、历史传统和文化传统、民族记忆以及国家主权之间的关系呢？本哈比对这一问题的回答

---

① 塞拉·本哈比（1950— ），土耳其裔美国哲学家，其研究领域涉及 19—20 世纪欧洲社会政治哲学、公民身份、移民和难民研究、女性主义理论、民主理论、德国法律和政治思想等。著有《定位自我：当代伦理社会中的性别、共同体与后现代主义》《文化宣言：全球化时代的平等与多元》《他者的权利：异己、公民与居民》等。

是，"开启民主重述（democratic iteration）的多重程序"，向国家内部的立宪权威及国家外部的国际法律机构申诉。当然，这两种做法最终都受制于国家权力，然而世界公民的公正规范的兴起"提高了对曾经排外的做法赋予正当性的门槛……民主立法机关将排外行为视作正当将变得越来越困难，原因很简单，这些立法机关表达的是人民意愿；现在，作出这样的决定将受到来自国内法律和国际社会的宪法上的制衡"。[59]

对于百科全书式的博物馆，世界主义的意义何在？作为展示世界艺术遗产代表作的世界主义机构，博物馆增进对差异的包容和理解，鼓励彼此认同、分享历史、共忧未来；针对文化可以被本质化，博物馆亲自作证以示反对，认为这种固化的表达使得基于国家的身份认同之间产生对立，使之陷于一场"文明的冲突"。罗克珊·尤本写道：

> 文字的力量是强大的，不论是"西方 — 非西方"还是"西方 — 伊斯兰"，两者间的对立都预设了两种界限分明、形式均一、可以识别的存在，这一预设导致了世界的分裂，因为它抹杀了两者内部存在的缝隙以及两者之间相互的历史影响，也否认了今天广泛进行的相互"授粉"活动。[60]

百科全书式的博物馆见证了一个真理，即文化是一个混合体，证明了各文化之间交互的历史和贯穿于全球化历史中的千丝万缕的联系。部分学者认为，混合性（hybridity）和世界主义一样也充满了争议。谢尔登·波洛克就认为，混合性及其"常见的隐含意义 ——'杂糅'或'杂交'——是个危险的陈腐概念，它暗示了一种子虚乌有的、纯粹形态相互间不交融的汇合，无论这种形态是本地的还是世界的"。[61] 不过，我们也注意到，正如一位翻译理论家所言，之所以会有语言的混合（我认为这对于视觉形式同样适用），是因为分隔语言"内""外"的是具有渗透性和弹性的薄膜，而不是坚固的围墙，每种语言同时保留了相对于其他语言的身份认同。换言之，正如我们在那几件青花瓷器和马登的《寒山》系列油画、版画和素描中所见到的，混合性没有预设"纯粹"形态的存在，因为根本就没有什么"纯粹"形态（一切形态都是混合的），混合性也不会扼杀具有启发性的本源，而是对其进行转化并融入最终的新作品之中。混合性是交流和翻译的见证者，在此过程中，每一种形态在发生改变和提升的同时，都保留了其独有的特点。

混合性，与其说是一种状态，不如说是一个过程。混合性永远都在起作用，而且是不可避免的，因为文化从来都没有政治的界限。就连帝国主义和殖民主义的军事力量也无法使一种文化免受另一种文化的干扰，正如后殖民文化评论家霍米·巴巴（Homi Bhabha）[①]所写：

> 混合性通过不断重复歧视性的身份效果来重新评价对殖民身份的假设，它动摇了殖民权力假装的或自恋的要求，但通过颠覆策略重新暗示了殖民权力的认同，将被歧视方的视角转回至权力一方。殖民的混合性表达了一个矛盾空间，这里，权力的仪式在欲望的场地上演，让权力的对象瞬间变得驯服和遍及——用我本人的混合隐喻来说，就是消极的透明。[62]

结束本章之前，我想指出的是，百科全书式的博物馆是重述性（iterative）的机构，用塞拉·本哈比的话来理解就是：

> 在重复某个词汇或概念的过程中，我们并没有对原有用法或意图进行简单复制，因为每一次重复都是一次改变。每一次重述都会

---

① 霍米·巴巴（1949— ），出生于印度孟买，是当代最具影响力的后殖民理论家之一，主要研究领域为殖民理论与后殖民理论、文化变革与文化权力、世界主义，代表作有《民族与叙事》和《文化的定位》。

使意义发生改变，使之增多、变得更为丰富。事实上，不存在什么"初始"意义或者所有后来者都必须看齐的"原型"……每一次重述都是在不一样的新语境中理解权威的原意。[63]

反过来说：

> 对权威原型的创造性挪用一旦停止或不再有意义，原型便失去了权威。重述是对"原型"的再次挪用，同时也是对原型的瓦解，并通过持续利用来保护原型。[64]

在百科全书式的博物馆，馆藏由各具特色的重述（艺术作品的混合）构成，博物馆挑选其中的典范来展示重述的过程——挪用、再挪用、消解、利用和保护——再让我们运用批判力来探索这一过程。然后，作为公共机构的博物馆鼓励"民主重述"，这"不仅会改变既有理解，也会改变关于权威先例的有效观念或既有观念"。换句话说，我在之前的论述中也提到过，作为启蒙机构的百科全书式的博物馆，把孔多塞（Condorcet）①的"有勇气审视一切"和康德的总结"我们生活在批判的时代，没有什么可以免于批判"[65]视为博物馆工作的前提。

在法学理论领域（本哈比的专业领域），民主重述即"自认为受到某些指导规范和原则约束的民主人民进行的重述活动，他们重新挪用和阐述这些规范和原则，因此，他们不仅受制于法律，也创造了法律"。[66]对于百科全书式的博物馆而言，这意味着，创造了博物馆馆藏作品的艺术家们对原有作品（或一般性的文化影响）进行了重述，并且，每位参观者在遇见艺术作品、对其进行叙事性理解的同时，既受制于，也创造

---

① 孔多塞（1743—1794），法国哲学家、数学家，启蒙运动的杰出代表之一，参与了狄德罗《百科全书》的筹备，积极投身法国大革命。他在其代表作《人类精神进步史表纲要》中阐述了历史进步观，该书被后世公认为启蒙运动理论和思想的高峰。

了自身的参观体验。针对政治精英层企图将文化传统宣为己有、向参观者强加某个固定意义的行为，参观者可行使自身权力表示对抗。在世界主义世界观和本地世界观的较量中，百科全书式的博物馆取得了一定的成绩，即本哈比所说的世界主义的功劳，"提高了对曾经排外的做法赋予正当性的门槛"。

这便是百科全书式的博物馆的强大作用所在。它们是个人重述行为的档案库，这些行为丰富了艺术作品的意义，鼓舞了参观者，使我们免于将艺术作品的美学特征简单沦为本质化的文化情感乃至国家/民族情感。霍米·巴巴如是说：

> 文化的再现依靠重述和翻译，重述和翻译将文化的意义间接地传达给他者，或通过他者来传达。宣扬文化的内在真实性或纯粹性的本质主义行径，一旦被书入象征意识的自然主义符号中，就会频繁成为维护强势文化的等级和优势地位的政治说辞，而重述和翻译可以消除这些行径。[67]

我认为，百科全书式的博物馆明显做到了这一点，因此，我支持改进并普及这一类博物馆。

第四章 博物馆和帝国

一个民族文化应该敢于宣布自己同其他民族文化一样都是混合体，是交叉路口，是由偶然的际遇和不可预见的结果等因素混合而成的。如果连这点自信都没有，那么这个文化只会走上一条仇外和文化偏执的道路。

　　　　　　　　——桑贾伊·苏布拉马尼亚姆（Sanjay Subrahmanyam）[1]


　　尽管语言上和战争方面的努力意欲将民族联合置于政治想象的中心，但是帝国的政治、帝国的作为以及帝国的文化，已经塑造了我们所生活的这个世界。

　　　　　　　　——简·伯班克（Jane Burbank）和弗雷德里克·库珀（Frederick Cooper）[2]


　　每次我在公共场合上谈起百科全书式的博物馆的前景时，都会有人指责说，这些博物馆是帝国的产物，是历史上因实力失衡导致强势国家/民族通过剥夺弱势国家/民族来丰富自己的体现。我总会回答说，自建馆以来，乃至自帝国主义诞生以来，这些拥有深厚历史藏品的博物馆的确成为了帝国的见证，但它们并不是帝国的"工具"。帝国遗产，不论是政治的、经济的还是文化的，都时时刻刻与殖民主义和民族主义缠绕在一起，内容极为庞杂，切不可轻率对待。

　　关于帝国与民族主义相互交叉的优秀著述大多出自印度（或者说移居的印度人）历史学家、文学评论家和社会学家之手，他们致力于对后殖民形势作出分析和理论阐述。帕沙·查特吉（Partha Chatterjee）①是最多产的作者之一。他创建了"庶民研究团体"（Subaltern Studies Collective），在20世纪80年代首次汇集了一批学者，为印度民族主义历史中没有发言权的人发声，并抵制对那段历史的精英化——他们所说的殖民主义的和资产阶级民族主义的——解读：

> 在这种违背历史的史学研究中，"人民的政治"明显被剔除了。殖民时期自始至终存在一个与精英政治领域平行的印度政治领域，在后一领域中，主要角色不是本土社会的统治群体或殖民当局，而是构成了广大城乡劳动人口和中间阶层的庶民阶层和群体——那就是人民（the people）。[3]

正如"庶民研究团体"后来的成员迪佩什·查卡拉巴提所言，在该团体"所反对的民族主义历史中，民族主义领袖被描绘成把印度和印度人民从某种前资本主义阶段引入了一个以'资产阶级现代性'为特征的世界历史阶段，被民主的人造物——公民权利、市场经济、新闻自由、法治——装备得妥妥帖帖"[4]。但是从一开始我们就应该清楚一点（这一点并不令人意外），即不论在实际当中还是在学者的描述中，印度民族主义的历史都是一个有争议的领域。

在帕沙·查特吉1991年发表的一篇文章中，他用质疑来回应本尼迪克特·安德森（Benedict Anderson）著名的民族构想"想象的共同体"（imagined communities）："谁的想象的共同体？"[5]查特吉认为，并不是所有的民族主义都长一个样，安德森所说的西方例子为亚洲和非洲的民

---

① 帕沙·查特吉（1947— ），印度政治思想家、历史学家、剧作家，"庶民学派"的代表人物，主要专注于民族主义、民族与宗教、殖民主义与后殖民主义的研究，著有《民族国家及其碎片：殖民和后殖民历史》《一种可能的印度：政治评论集》《被治理者的政治：关于政治社会的思考》《政治社会的世系：后殖民民主研究》等。

族主义精英提供了榜样是不成立的。查特吉说，恰恰相反，"亚洲和非洲的民族主义想象最强有力也是最富创造性的成果并非建立在某种身份认同之上，而是在于与现代西方所普及的'标准化'民族社会形式的'差异'"。

与迪佩什·查卡拉巴提（见本书第一章）一样，查特吉也认定，印度的"差异"在于其根深蒂固的与精神和非理性的联系。他在对殖民世界的民族主义思想进行分析时，梳理了印度民族主义的发展历程，并注意到理性（工业和政府的工具）和非理性（民众热情与道德意愿）的双重贡献。[6]

第一阶段由班吉姆钱德拉·查托帕迪亚伊（Bankimchandra Chatto-padhyay）[①] 推动，他呼吁把欧洲工业与印度的"法"（dharma）相结合："在学习效仿西方工业和科学的同时，仍然保留东方文化中的精神崇高。"[7]这种崇高需要通过教育体系来制度化，用以印度教理想为基础的新民族宗教来提升。[8]后者保证民众可以广泛参与由受过良好教育的精英领导的运动。

第二阶段的标志是甘地（Gandhi）动员民众"攻击现代资产阶级社会每一个构成面"的策略。[9]"只要印度人对现代文明的'进步'特性继续抱有幻想，他们就还会是一个臣服的民族……让印度成为臣服民族的不是英国人的存在，而是文明。"[10]印度粗棉布（纺棉是农村自给自足的途径）与印度国货运动（抵制外国产品）、不合作主义（"农民村社反抗国家政权的压迫"）一道，为把全体人民纳入政治民族（如果不能说是纳入国家之中）之中奠定了意识形态基础。

在最后一个阶段，尼赫鲁（Nehru）把民族主义话语重新融入合法的国家意识形态当中，建立起主权民族-国家（用一位学者的话说，就是在甘

---

① 班吉姆钱德拉·查托帕迪亚伊（1838—1894），印度小说家，对孟加拉语言文学影响很大，同时也是印度教和印度民族主义的拥护者。

地式的非暴力和尼赫鲁式的社会主义之间构建起资产阶级合约[11]）："如果政治目标未被牢记在心，那么，一切社会变革的努力都将变得困难重重，所有精力都将白费，运动也会落入当下掌权的外国政府手里。"[12]尼赫鲁设想的国家将超越狭隘的利益，科学规划指导经济发展进程，并保障进步、公正和"充分平等的公民权利，无论宗教、语言或其他文化差异"。[13]这就要求印度"向当今时代的最高理想看齐——人本主义和科学精神"。[14]

所谓"人本主义和科学精神"，用查特吉的话说就是：

> 两个政治领域——一个是精英政治领域，另一个是庶民阶层政治领域——在成熟的民族主义思想环境中被复制，理性领域与非理性领域、科学领域与信仰领域、严密组织领域和自发领域之间的割裂得到了明确的认可。[15]

庶民研究团体的成员认为，统一的印度国家是不存在的，两个领域的共存指明了一个重要的历史真相，即"印度资产阶级没有能力为民族发声"。[16]这一失败产生了立竿见影的政治后果。在印度取得独立六个月后，甘地被一名与右翼民族主义党派"国民志愿服务团"（Rashtriya Swayamsevak Sangh，简称RSS）有联系的印度教民族主义者杀害。

在印度，民族与国家之间以及"两个政治领域"之间的紧张关系和印度教与伊斯兰教的关系及各教派支持者争夺民族身份认同密切相关。拉宾德拉纳特·泰戈尔（Rabindranath Tagore）在印度独立差不多30年前发表过关于印度民族主义的著名演讲，他简单总结道："印度有史以来不断受到自身问题的干扰，那就是种族问题。"[17]近年来，印度教右翼及其"印度教特性"意识形态以及与此相关的行动和主张更是加剧了这种紧张关系。[18]

印度人民党（Bharatiya Janata Party，简称BJP，成立于1980年，与国民志愿服务团有联系）相信："印度民族的过去、现在和未来必须围绕'印度教特性'的概念来构建。"[19] 20世纪80年代，受到印度人民党的鼓舞，一些印度教组织开始在巴布里清真寺（Babri Mosque）聚集。这座清真寺位于印度北部与尼泊尔交界、人口稠密的北方邦，是印度最大的清真寺之一（印度的穆斯林人口超过1.4亿），在右翼印度教徒的心目中，清真寺所在地是印度教神祇罗摩（Rama）的诞生地。他们坚信，1528年为了建造这座清真寺，毁掉了一座以罗摩命名的印度教神庙。1989年，一道司法程序不顾右翼印度教徒的请求，允许穆斯林继续使用这座清真寺。同年，尼赫鲁大学历史研究中心（Center for Historical Studies at Jawaharlal Nehru University）的历史学者们出版了一本小册子，题为《政治对历史的滥用：巴布里清真寺 - 罗摩出生地引发的争端》（*The Political Abuse of History: Babri-Masjid-Rama-Janma-Bhumi Dispute*），证明右翼印度教徒所说的清真寺下面埋藏着罗摩神庙的说法实属讹传，缺乏历史依据。[20] 1992年，印度人民党在清真寺前集合了约20万人，尽管他们向印度最高法院作出保证，不会对清真寺造成伤害，但蜂拥而上的人群还是突破了警戒线，挥舞大锤拆毁了建筑。数月后，冲突导致500多人丧生，另有4万多人被驱逐出孟买城。接下来的四年间，印度人民党在议会中的席位迅速攀升，并从1998年开始执政直到2004年。

2002年3月，印度教强硬派要求在被摧毁的巴布里清真寺原址上举行祈祷仪式。他们经印度人民党领导的新德里政府允许，把两个沙岩雕成的柱子放在颜色鲜艳的橘黄色三轮车上，在全城游行，以此表达在清真寺原址上修建罗摩神庙的愿望。一个月后，暴力冲突在印度西部的古吉拉特邦蔓延开来。

整个20世纪90年代，经济学家、哲学家阿马蒂亚·森（Amartya

Sen）<sup>①</sup>都在撰文探讨印度的政治文化争议。他在一篇文章中指出，为印度和印度人主张印度教身份的做法忽视了印度"巨大的宗教多样性"以及印度教内部的宗教多元化。<sup>21</sup>阿马蒂亚·森写道，"当代印度的文化传承综合了伊斯兰教影响和印度教等其他传统，不同宗教群体间相互交流的大量例证在文学、音乐、绘画、建筑等诸多领域都可以找到"，包括印度教信仰和习俗。<sup>22</sup>

森以莫卧儿皇帝阿克巴（Akbar）为例，证实印度拥有多元化和理性公共辩论的悠久历史。早在16世纪，阿克巴便已"为国家的世俗主义和宗教中立立场奠定了基础，他强调，应保证'所有人的宗教不受干涉，任何人都有权信仰自己喜欢的宗教'"。阿克巴废除了针对非穆斯林征收的自由裁量税，让印度教徒统领他的军队，邀请来自不同信仰的知识分子和艺术家探讨、辩论各自信仰的优点，运用理性探索来维护包容的多元文化。阿克巴对他的朋友，精通梵语、阿拉伯语和波斯语的学者阿布·法兹勒（Abul Fazl）说："对理性的追求和对传统主义的排斥已经没有争论的必要。如果说传统主义是正确的话，那么预言家就只会跟随老一辈的做法，再也无法获取新的讯息了。"<sup>23</sup>甚至在个人信仰的选择上，阿克巴也主张，个人应该接受"理性道路"（rahi aql）的引导，而不是"盲目信仰"。

森认为，这是对一些西方知识分子观点的反驳，因为他们认为："只有西方才能接近那些为理性和推理、科学和实证、自由和包容、权利和公正奠定了基础的价值观。"<sup>24</sup>这也对一些印度学者的主张构成了挑战，即对理性的重视是由启蒙运动时代的欧洲引入印度的，是帝国权

---

① 阿马蒂亚·森（1933— ），印度经济学家，研究领域包括社会选择理论、经济理论、伦理学与政治哲学、福利经济、测量理论、决策理论、发展经济学、公共健康、性别研究等。1998年获诺贝尔经济学奖。代表作包括《贫困与饥荒》《伦理学与经济学》。此外，森还著有《惯于争鸣的印度人：印度人的历史文化与身份论集》等书，深入探讨印度的历史与文化。

力的工具。[25]森认为："印度对话传统的本质和强大力量有时被人忽略了，因为很多人都觉得，印度是一个多宗教国家，拥有不加批判的信仰和不加质疑的习俗。"尽管这种观点可能出于同情，但"最终会压抑印度大部分的精神遗产"。[26]

作为经济学家，森感兴趣的是在公共政策事务方面（如饥荒、贫困和市场）运用理性，而作为哲学家，他的兴趣在于，如何运用理性处理个人自主性、个人和文化身份认同的问题。[27]他提出疑问：为什么人们明明拥有理性力量、可以运用理性来批判公认的观点和教条，却还是"不可避免地被传统思维模式困住"？为什么，正如某些人所主张的，人们只能察觉或发现自己的身份，却不能通过理性探索来决定自己的身份？作为人，我们从属于多重类别——性别、阶级、宗教、民族，等等，我们的身份不必只拘泥于其中的某一类。森承认，身份认同既能滋生丰富多彩和热情，"也可能造成杀戮，恣意的杀戮"。[28]

泰戈尔，这位早期作家、教育家、艺术家、印度首位诺贝尔奖得主（当然，森后来也荣获了诺贝尔奖）与阿马蒂亚·森有着同样的担忧。泰戈尔是帝国主义的强烈反对者、民族自决的拥护者，对于削弱道德良知、否认个人拥有决定个人和文化身份的自主性的僵硬而具有攻击性的民族主义，他也持批评态度。在1917年首次出版的演讲稿《印度的民族主义》（*Nationalism in India*）中，他承认已经走出童年时接受的教导，那种教导认为"对民族的崇拜优于对上帝和人类的崇敬"，现在的他相信："国人将通过反抗那种声称国家比人类理想更加伟大的教育，来真正得到印度。"

泰戈尔最为珍视的，是用理性追求道德权利和政治独立的自由。他反对任何形式的文化分裂主义。泰戈尔写道："印度历史的目标不是建立印度教或其他教的统治地位，而是确保一种为人类实现的特殊圆满，一种必须为所有人争取的完美。"[29]毕竟，这个世界的文化成就属于每一个人："一切人类成果，不论其源于何地，在我们理解和享用的那一刻起便为我们所拥有。我为我身为人而感到骄傲，因为我可以承认，别国的诗人和艺术家为我所有。请让我以不带任何杂质的喜悦承认，人类的一切伟大和光辉都是属于我的。"[30] 此乃泰戈尔教育理念的基础，他认为，教育是印度未来取得独立的关键。

怀揣着在全国各地特别是在农村创造更广泛的教育机会，让教育更鲜活、更具启发力的梦想，1901 年，泰戈尔在孟加拉小镇寂乡（San-tiniketan）创办了一所男女同校的进步学校（阿马蒂亚·森后来在这里上学）。他开创性地推出一套课程和实践，通过苏格拉底式的辩论、接触多样的世界文化、投身人文学科、思考世界公民身份，让学生们追求自我。1922 年，泰戈尔创立乡村重建研究所（Institute of Rural Reconstruc-tion），该所与学校合并后成立"国际大学"（Visva-Bharati），这是一所国际性大学，其吠陀梵文校训为"世界聚于一巢"（Yatra visvam bhavate eka nidam）。[31] 国际大学的早期简介中强调了该校的世界主义使命：

> 在校学生应熟谙世界各国现有院所的运作，以及为改善民众社会条件而兴起的运动，要开展国际组织研究，在观念上更好地适应和平需要。[32]

以上就是泰戈尔理解和探讨民族主义的基础。最后他宣布："历史只有一个，那就是人类的历史。所有民族历史都只不过是更宏大历史中的章节而已。"[33]

联合国教科文组织世界文化与发展委员会（World Commission on Culture and Development）① 近年的一篇报告总结说："没有一种文化是与世隔绝的封闭体，所有文化都受到其他文化的影响并转而影响其他文

---

① 该委员会于 1992 年发起成立，1995 年废止。

化。没有一种文化是一成不变或静止不动的，所有文化都处于持续流动的状态，同时受到内外力的双重作用。"[34] 上述情况，以及我们在过去二三十年间目睹的事实——越来越多的人正跨过国境线或者在国境线之内迁移（包括约 4000 万外国工人、2000 万难民、2000 万—2500 万国内流离失所者）——给民族、国家带来了压力，也改变了我们对于民族的思考：民族不再由政治来定义或由疆域来限定，民族成为文化意义或"想象的共同体"的话语场（也就是霍米·巴巴提出的"民族即叙事"）。[35] 因此，阿尔君·阿帕杜莱（Arjun Appadurai）① 指出，现代民族—国家的原则和程序——"稳定的主权领土，可控可计数的人口，可靠的人口普查，稳定透明的分类等观念"——在今天全球化的时代变得如此混乱，"当更多的国家/民族失去对国家/民族经济主权或幸福的幻想后，进行文化清洗的新动力"便应运而生。他认为，后果将会是危险而且通常是充满暴力的"对细微差异的自恋"。[36]

爱德华·萨义德对后殖民研究的影响深远，他把毕生心血献给了对国家/民族文化身份认同的形成的研究与批判，他关注的对象恰恰是以上关键词。萨义德进行批判实践的基础是，"任何一种制度或认识论都……无法摆脱各种各样的社会文化、历史和政治构成，它们赋予了各个时代独特的个性"。[37] 他拒绝接受"一个固执至极的命题，即每个人都在很大程度上必然属于某个种族或类别，且这个种族或类别绝不会被另一些种族或类别同化或接纳——除非变成它自己"。[38]

他对塞缪尔·亨廷顿（Samuel Huntington）"文明冲突"论的批判十分犀利，认为这种论调表明，作者"对制定政策更感兴趣，而不关心历史或者对文化构成的谨慎研究"。萨义德坚持认为，真正的问题在于，"我们最终是想为相互独立的文明作贡献，还是应该选择一条更统一但

---

① 阿尔君·阿帕杜莱（1949— ），印度裔美国社会—文化人类学家，是全球化的文化动力研究领域的领军学者。著有《殖民统治下的崇拜与冲突》《对少数者的恐惧：论愤怒的地缘性》《消散的现代性：全球化的文化维度》，编有《全球化》。

也许也更艰难的道路，试着把这些文明看作巨大整体的组成部分。我们无法把握这一整体的确切轮廓，却可以感知它的确定存在"。[39]

萨义德是哥伦比亚大学比较文学教授，他的文字饱含对学界的批判。他曾在南非作过一次演讲，并于1991年出版，演讲中，他谈到调查了美国和阿拉伯国家大学的情况。他写道，阿拉伯国家的大学在取得独立地位后，要求收复长期被奥斯曼帝国和欧洲殖民强国占据的教育领地，这是可以理解的。然而好景不长，后来这些大学成为当时正兴起的国家安全主义的延伸，成为构建国家／民族身份认同的大熔炉："很可惜，晋升和任命的标准往往是政治上的顺从而不是才智上的优秀，由此产生的后果通常是，胆怯、故意缺乏想象力和小心谨慎的保守主义统治了智识实践。"[40]美国大学受到政府控制的程度远远轻于阿拉伯国家（美国大学的教职人员很少是公务员），它们还在就大学教育的文化和国家／民族身份认同进行辩论（支持或反对西方准则的至高无上）。不论是阿拉伯还是美国大学，萨义德都质疑："倘若中央权威被赋予了国家／民族身份，它会怎样不加思索地暗中侵犯和影响学术自由？换句话说，在学术自由的名义下会发生哪些变化？"

萨义德的观点是明确的：所有文化都会宣扬自己，这一点可以理解；不过，没有哪个文化是孤立的，因此，我们在研究自己的时候，也必须把目光投向其他文化、其他传统、其他族群。新近摆脱殖民统治的民族面临的问题是："在思想和学术层面，如何对待我们争取到的解放？……应当让什么样的权威、人类准则和身份认同来引导我们，指导我们的研究，规定我们的教育步骤？"萨义德认为，民族主义是必要的，但民族主义只是第一步：

> 如果我们认为，促进教育目标实现的最佳途径是将主要关注点放在我们自己的独立性上，放在自己的民族身份认同、文化和传统上，那么，我们的定位会变得颇具讽刺意味，就像19世纪的种族

理论把我们定位为庶民、劣等民族一样，我们将无法分享人类文化的博大精深。

萨义德总结说，世界是由无数相互作用的身份组成的，如果缺乏整体意识，就会削弱学术自由。学术自由应该以迁徙者或旅行者为榜样：

> 决定旅行者形象的不是权力，而是行动，是进入别样的世界、使用别样的俗语、理解花样繁复的伪装、掩饰和修辞的意愿。旅行者必须暂时搁置对习惯的坚持，才能适应新的节奏和礼节。最重要的是，与只需守卫一方土地、维护其边界的统治者不同，旅行者在完成"跨越"，他们越过领土，放弃固定的位置，自始至终都是如此。[41]

萨义德着重强调比较文学研究的目的和追求，他说，比较文学是为了"摆脱褊狭的地方主义，用复调方式共同看待各种文化和文学"：

> 一个训练有素的比较文学学者实际上已经在相当程度上处在对简单化的民族主义和无批判的教条的斗争之中了。毕竟，比较文学的构成和最初的目的，是获得超越自己民族的观点，是去观察某种整体，而不是一个为自己的文化、文学和历史所提供的自我辩护的小小一隅。[42]

不过，讽刺的是，比较文学研究"始于欧洲帝国主义的巅峰时期，且无法回避与帝国主义的联系"。萨义德追溯了比较文学的历史并总结如下：

> 假如我坚持了过去和现在之间、帝国主义者和受帝国之害的人

之间、文化与帝国主义之间的结合与关联，我并不是为了消灭或缩小差别，而是为了呼唤一种迫在眉睫的意识，一种事物之间相互依存的关系。[43]

　　萨义德富有想象力地从帝国"内部"分析了帝国的重要影响。他坚持认为，在思考这些影响的同时，不应把帝国主义简化为单维度的论点：

　　　　帝国主义作为具有重要文化内容的历史经验，其内容既庞大又复杂。我们的讨论必须包括互相重叠的土地、男人与女人、白人与非白人、宗主国与边缘地带的居民所共有的历史、现在和将来。这些土地与历史只能从整个人类世俗历史的角度来看待。[44]

　　帝国是一种持久的国家形式。奥斯曼帝国存在了六百年。在地中海西部建立中心城市的罗马帝国（Roman Empire）存在了四百年，其东方的分支——拜占庭帝国（Byzantine Empire）又存在了一千年。埃及人在帝国统治下生活了近三千年。

　　每个帝国都会遇到政治归属和如何差别对待核心文化之外的人的问题。例如，罗马帝国"促成了一个建立在共同的权利和文化之上的独特且优越的政治社会"，中国则"容纳并充分利用了化外民的能量，并且帝国外交密切注视着异族势力的实际情况和他们对帝国应有的尊崇态度"。[45]成吉思汗（Chinggis Khan）及其继任者依靠不断变换的结盟、务实的政治手段、异族通婚和宗教多元主义，统治着历史上疆域最广阔的陆上帝国。成吉思汗的儿子娶基督教聂斯脱利派（Nestorian）女子为妻，孙子忽必烈（Khubilai Khan）信奉佛教，后来建立元朝。伊儿汗完者都（Il-Khan Oljeitu）很可能在其一生的不同阶段分别信奉萨满教、佛教、基督教及伊斯兰教。我们也已经熟悉莫卧儿皇帝阿克巴的包容策略。直到 19 世纪，随着以种族为基础的民族主义理论的出现，两种越来越时兴的对人进行分类的方式——民族和种族——清晰定义了谁属于政体，而谁被排除于政体之外。

帝国拥有漫长的历史和广阔的领土。第二次世界大战爆发初期，世界上 42% 的土地和 32% 的人口被美国、日本和西欧的殖民统治垄断。[46] 不久，两个庞大帝国被打败，然后土崩瓦解。印度以及遍布非洲和东南亚的民族获得了独立，苏联解体。然而，帝国以及超越民族的经济政治影响力的其他形式依旧存在。帝国虽说没有在中国卷土重来，但中国至少恢复了世界范围的影响力。（美国继续实施一系列的帝国战略：占领别国，部署军队除掉敌对领导人，出钱支持代理人战争，在海外设立军事基地。）[47] 民族—国家的兴起和失稳并没有让帝国权力的存在和角力销声匿迹。无论是民族—国家还是帝国都没有充分认真地对待跨空间的人群混杂或建设更好政体带来的挑战。帝国的遗产仍萦绕在我们身边。而且，在世界各地，就像在帝国内部一样，社会差异并不能普遍反映殖民与被殖民的二元对立。

以上就是百科全书式的博物馆建立和兴盛的背景，它们与这种背景息息相关。单说百科全书式的博物馆就是帝国的产物是不准确的，尽管在博物馆的历史发展中，其命运的确与国力失衡从而产生帝国的事实交织在一起。博物馆多样的馆藏证明了一点，即萨义德所说的："一部分原因是，由于帝国主义的存在，所有的文化都交织在一起，没有一种是单一的，单纯的。所有的都是混合的，多样的，极端不相同的。"[48] 需要注意的是，帝国是造成这种文化混合的原因，这里所说的帝国，是久已有之的帝国，而不只是现代欧洲帝国主义抬头后诞生的帝国。

青花执壶（彩图 1）便是见证：它由明朝制造，或许途径了伊朗帝国的萨非王朝（Safavid），借助于东印度公司的帝国势力范围，最终到达詹姆斯一世时期的英格兰。贝宁铜板（图 5）则带有历史上的贝宁帝国与葡萄牙人、英国人建立的欧洲帝国的印记。犍陀罗菩萨立像（图 7）

见证了居鲁士大帝（Cyrus）的波斯帝国、亚历山大大帝的帝国，以及后来的孔雀（Mauryan）、贵霜（Kushan）、萨珊（Sasanid）帝国。假如你想搜寻帝国的物证，不论是政治、经济还是文化的，都可以在百科全书式的博物馆的任何角落里找到，因为博物馆反映了历史事实，博物馆馆藏客观体现了历史。问题是，我们应该如何对待它们？

萨义德向他所在的学科——比较文学——抛出了这个问题，并注意到早期"比较学者"恩斯特·库尔提乌斯（Ernst Curtius）[①]和埃里希·奥尔巴赫（Erich Auerbach）[②]的贡献，在他们看来，民族主义只是暂时的，"更重要的是能超越毫无价值的官僚体系、军队、关税壁垒和恐外症的人民与精神的和谐"。由此"产生了一个认识，认为文学的比较可以有助于形成跨国界的、甚至泛人类的关于文学作用的观点"。不过，早期的比较文学研究"是被先验地作为一种等级体系来组织的：欧洲及其拉丁基督教文学处在这一体系的中心和顶端"[49]。萨义德对此的回应不是谴责或放弃他所在的学科及其早期贡献者，而是探讨其未来走向。他将其视为一项思想事业，把文化间相互交织的历史置于当地政治的真相（民族主义和帝国主义）之中来考察，萨义德称之为"表述"（articulation）和"激活"（activation）：

> 要做到这些，我们需要思考当前，尤其是严肃地思考帝国主义的解体和几十个前殖民地和占领地的独立……这样，我们才能以一种新的、有活力的方式把握住提出"世界文学"的比较文学的观点的历史理想主义。同时，也理解当时的实际存在的帝国主义的世

---

① 恩斯特·库尔提乌斯（1886—1956），德国语文学家、罗曼语言文学批评家，他的《欧洲文学与拉丁中世纪》是欧洲历史语言学、文学史和文学批评方面的经典著作。

② 埃里希·奥尔巴赫（1892—1957），德国裔美国语文学家、罗曼语言文学学者，他的代表作《摹仿论》是一部有深厚影响力的文学评论著作，对西方经典文学作品的文学风格作出了精辟分析，并建立了一套文学评论方法。

界版图。[50]

　　在另一种构想中，他写道，文化史并不只有一种意义，文化史是复调的，"我们同时既意识到这个遗产中所叙述的宗主国的历史，也意识到那些与占统治地位的话语抗衡（有时是合作）的其他历史"。萨义德参考了西方古典音乐，因为他的音乐造诣深厚，"在西方古典音乐的多声部乐曲中，各个主题互相替代，只给予某一个主题以短暂的突出地位。在由此而产生的复调音乐中，有协奏与秩序，有组织的相互作用。它是一种来自主题，而不是来自作品之外的严格的旋律或形式上的原则"。[51]萨义德其实还可以参考善于运用一呼一应与变奏的即兴音乐传统。关键的一点是，文化及文化形态从来都不是纯粹和固定的，而是混合与动态的，任何有关文化的阐述都必须承认这点（萨义德称之为"阐释方法的挑战性力量"）。

　　不用说，比较文学与百科全书式的博物馆是有区别的，前者是阐释方法，后者是档案库。我已经说过，博物馆是理性争辩和阐释的场所，博物馆不会规定具体的阐释方法，而是允许个人作出自己的选择：博物馆认同并尊重参观者的个人自主性。有一点十分重要，博物馆以世俗的方式为公众保存和展示藏品。也就是说，博物馆反对任何以种族、国家/民族或宗教来决定艺术作品文化价值的主张，并且，博物馆不带偏见、毫无偏袒地展示来自不同文化的艺术作品。我已经批判了卡萝尔·邓肯和艾伦·沃勒克的主张，他们认为，博物馆是国家工具，对博物馆的体验等同于与宗教体验类似的仪式（见本书第二章）。在这里，我之所以重提这些主张，是因为在有关百科全书式的博物馆所扮演的角色的有趣解读中，可以捕捉到这些主张的影子。

　　在一篇文章里，艺术史学家芬巴尔·弗勒德（Finbarr Flood）再次提及卡萝尔·邓肯的观点，"博物馆一词的词源（以及博物馆的建筑）暗示，博物馆是世俗庙宇的一种，是'共鸣的庙宇'，在这里，无生命物体转变为博物馆物品，被去神圣化，乃至被'扼杀声音'，成为现代性的同义词"。[52] 弗勒德引用了艾尔弗雷德·盖尔（Alfred Gell）的话：

> 我无法区分宗教热情与审美热情：对我而言，艺术爱好者的确在许多方面都在崇拜图像，他们将这种偶像崇拜的事实理性化地解释为审美敬畏。因此，谈论艺术其实就是在谈论宗教，或者宗教的替代品，人们抛弃了普遍宗教的外在形式，转而满足于其替代品。

盖尔认为："经过把偶像重新分类、划归于艺术，我们把它们中性化了；但是，我们对它们顶礼膜拜，丝毫不亚于最虔诚的偶像崇拜者在木头神像前的表现。"[53]

弗勒德引述了包括以上学者在内的多位作者的话，他在文章中表示，把以宗教为目的的艺术作品纳入博物馆馆藏实际上是对它们去神圣化，是一种"偶像破坏"行为。不过，博物馆不可能既对曾经崇拜的对象进行去神圣化、中性化、扼杀其声音，同时又把它们置于新的伪宗教环境之中，就像"最虔诚的偶像崇拜者在木头神像前"那样，接受人们的顶礼膜拜。相反，博物馆会把一件物品从受膜拜的地位转变为另一种地位，从一种膜拜转变为另一种膜拜。如果人们对此有争议的话，那么争议的焦点与去神圣化或偶像破坏无关，而是与转变有关，也就是改变赋予了物体以意义的具体"宗教"语境。在后殖民政治的语境下，争议的焦点便是，究竟谁对意义握有权威：是对赋予物品以初始意义的文化表示认同的人，还是把物品纳入博物馆馆藏、对物品赋予新意义的人？

在以上四章中，我试着证明了百科全书式博物馆的重要性，无论它们坐落于美国芝加哥还是印度德里，作为致力于推广世界主义世界观的启蒙机构，通过向多元化的参观者提供欣赏世界多元文化代表性物证的机会，百科全书式博物馆可以消除对世界的无知，促进对差异本身的理解。当然，围绕这个观点存在着不同见解，我也在尽量认识那些不同于我的见解。本章介绍了来自前殖民地国家视角的不同见解——许多相互分歧的见解。我认可帕沙·查特吉的观点：

> 我认为，由于现代性的历史与殖民主义的历史是交织在一起的，因此，我们从来都不太可能相信一个不受种族或国籍差异约束的自由话语普遍领域的存在。从一开始我们就聪明地猜到，鉴于现代知识与现代权力体系之间的紧密协作，我们不会成为普遍现代性的永久享用者，也从来不会作为其制造者而被严肃对待。正因如此，在过去的一百年间，我们尝试从普遍现代性的幻想上转移目光，清理出一片空间，在那里，我们有可能成为自身现代性的创造者。[54]

当然，问题是，什么样的现代性？是追求世界主义世界观的现代性，还是将视野与身份认同局限于"为自己的文化、文学和历史所提供的自我辩护的小小一隅"的现代性？过去六十多年来，人们一直在企图建立和维护基于国家的身份认同，随之而来的是不断爆发的内战、教派暴力和充满恶意的文化仇外，是时候寻找另一条路了，一条既承认国家的必要存在、又鼓励更广泛联系的道路，借助在非政府组织、大学和博物馆之间有选择性地结成的联盟，跨越国界，参与重述行为，如塞拉·本哈比所说，这些重述行为提高了"对曾经排外的做法赋予正当性的门槛"。

阿尔君·阿帕杜莱写道：

> 我们需要超越国家／民族界限来思考自己。但单凭思想是不能带领我们超越国家／民族的，国家／民族也并非一种思想或者被想象出来的事物，而是说，智识实践扮演的角色是认识当下的国家／

民族危机，同时为后民族（postnational）社会的形态提供部分识别工具。我们正进入一个后民族的世界——这一观点似乎才开始在文学研究领域亮相，而在后殖民主义、全球政治、制度化的福利社会等研究领域，它已经成为一个不断重复的主题（如果不是自觉主题）。[55]

我想说的是，百科全书式博物馆扮演着同样的角色。

我相信，这就是每年数以百万计的人来到芝加哥艺术博物馆的目的，这也是我在本书开篇提到的，他们于炎炎夏日的午后在博物馆门口排队的原因。他们希望体验更广阔的世界，感受大千世界的丰富多样和精神的升华，领悟西塞罗（Cicero）的那句"我是人，关于人的一切我都不应该陌生"。

爱德华·萨义德曾经说过："世界地图上不存在根据天意划成或僵死不变的空间或特权。然而，我们可以讨论现世的空间，讨论人为造成的和互相关联的历史。这是绝对可以探求的，尽管不是通过庞大的理论或涵盖一切的体系。"[56]百科全书式博物馆就是这样的一个空间，它建于启蒙运动原则的基础之上，质疑未经验证的真理，反对偏见迷信，相信个人拥有自主性、公众能运用理性，相信批判探索终将引向关于世界的真理，为人类进步造福，从而从最崇高的理想出发，塑造一个共同的多元的身份认同。

为了这一切，今天的我们应该保护好现有的百科全书式博物馆，鼓励建立新的百科全书式博物馆。这样做需要来自全世界每一个角落的所有参与方的信任、妥协与理解，但是，正因为方方面面都在遭受威胁，这也成为一项艰难但必须完成的事业。

# 后 记

　　霍米·巴巴生长在印度孟买，也在孟买念过书。他告诉我，去英国牛津上大学后他发现，和孟买相比，牛津的生活太狭隘。"在孟买，文化实践和文化价值中有那么一种活跃的混合交融，使得这座城市以及城市里的对话与交流变得活力十足。牛津则显得平淡无奇，把自己保护得严严实实。"[1]帝国的中心与被帝国统治的边缘之间的关系没有那么简单。

　　独立后的印度，其文化基础有着帝国的渊源。孟加拉亚洲学会（Asiatic Society）由一位英国公务员创建，今天仍然在运作，在一个图书馆、博物馆和出版项目的支持下开展雄心勃勃的科学与人文研究活动。印度考古局（Archaeological Survey of India）由东印度公司的一位军事工程师提议建立，今天仍然是管理印度考古、文物和遗址博物馆等一切相关事务的权威机构。英国人建立了印度的文化财产管理体系，今天，该体系仍然是印度确定对其文化遗产拥有控制权的基础。就连印度国家博物馆（National Museum of India）在很大程度上也是在一个英国政府委员会的工作基础上建立起来的。1946 年，这个委员会提出在新德里市中心国王路与王后路的相交处建设一座"国家艺术、考古与人类学中央博物馆"的计划。

人们常说，知识生产是大英帝国的控制工具。用吉安·普拉卡什（Gyan Prakash）的话说：

> 在印度，科学的文化权威始于19世纪初英国人的"教化使命"。正是从那时起，殖民统治开始从18世纪末的模式发生明显转向。随着东印度公司巩固了领土控制，它开始慢慢脱离只求快速获得不义之财的商人形象，安心于建立起一套专制统治，以便系统有效地开发利用领土资源……随着英国人生产出翔实而无所不包的历史、调查、研究、人口普查，并对被征服的土地和人民进行了分类，他们拿出一套经验知识，凭着这套知识，他们就可以代表并统治一个作为独特而又统一空间的印度。在用经验科学构建印度的同时，一套现代基础设施和经济纽带的网络也建立了起来，统一的领土由此加入全球资本主义经济体的行列。[2]

英国统治下的印度博物馆，不论是专注于考古、自然历史、经济史、工业艺术还是美术，都是这一知识生产过程的构成部分。不过，这些博物馆的故事更为复杂。印度考古局是一家中央机构，负责科学收集知识，通过国家认可的考古发掘和出版来控制知识的生产，并管理重要遗址和公有或私有考古品。印度考古局局长甚至拥有"出于本法案目的，决定任一物品是否属于文物"的权力（《1947年文物出口管控法案》[Antiquities Export Control Act of 1947]）。印度国家博物馆则为独立后的印度定下了国家/民族艺术的叙事和准则。帝国也好，共和国也罢，知识的掌控都是国家的一项职能。

尽管如此，控制权不是也从来不是绝对的。帝国时期的首都加尔各答及共和国首都新德里都在努力争取控制权，处于边缘位置的博物馆却常常在对控制权说不。卡薇塔·辛格（Kavita Singh）撰文分析了英国统治时期，印度各邦级博物馆是如何体现了印度土邦摆脱英国的中央管控而逐渐增强独立性的。她提到，拉迪亚德·吉卜林（Rudyard Kipling）①盛赞位于斋普尔的中央博物馆（Central Museum）并提请"从旁遮普到马德拉斯的印度政府部门"注意：

> 大门与门框相得益彰，常年经受炎热天气的展柜既没有变形，也没有开裂，玻璃上找不到不雅的油点或污渍……之所以如此，是因为人们为这座博物馆投入了金钱，现在，它对印度其他地区，包括加尔各答在内的博物馆提出了批评……这座蒙皇家恩泽而建造的博物馆，是一座独立于印度政府之外的机构。[3]

辛格说，拉迪亚德·吉卜林或许是在替父亲出气，因为他的父亲是拉合尔博物馆（Lahore Museum）馆长②，正在为有限的资金和臃肿的中央集权帝国官僚体系而苦恼。

辛格对印度博物馆整体存在的中央—地方模式提出了质疑。她指出，最早的一批博物馆——位于加尔各答、马德拉斯、孟买——不是由政府建立的，而是非专业人士建立的。（加尔各答和马德拉斯的博物馆由孟加拉亚洲学会建立，马德拉斯文学会 [Madras Literary Society] 也参与建立了马德拉斯博物馆。）只有等到这些早期博物馆的藏品多到难以管理后，它们才会请求政府接收并负责保管：1851年，马德拉斯的博物馆由东印度公司接手；1865年，加尔各答的博物馆同样如此（博物馆最早在1814年就提出了请求）；孟买的维多利亚与艾伯特博物馆（Victoria and Albert Museum，即今天的包·达吉·拉德医生博物馆 [Dr. Bhau

---

① 拉迪亚德·吉卜林（1865—1936），英国作家、诗人，出生在印度，1907年获诺贝尔文学奖。作品多以印度为背景，代表作有故事集《丛林故事》和长篇小说《吉姆》。
② 拉合尔博物馆位于今巴基斯坦拉合尔市，1864年建立，目前是巴基斯坦最大的博物馆，以犍陀罗艺术藏品而闻名。拉迪亚德·吉卜林的父亲约翰·洛克伍德·吉卜林（John Lockwood Kipling，1837—1911）于1875年至1893年担任拉合尔博物馆馆长。

Daji Lad Museum]）在 1886 年被市政府接管前一直保持独立。不过，在英国的统治下，印度开始出现协调一致的博物馆政策的雏形。辛格注意到，这个政策侧重的是博物馆鼓励经济和工业生产的潜力。1882 年，印度内政部负责博物馆的秘书在报告中写道："主要目标……不是为了满足西方的好奇心或外国人的审美需求，而是为了发展产品贸易，包括天然品和制造品、粗制品和精细品。"[4]

英国统治时期，尽管政府开始对考古、科学、经济和工业艺术类博物馆及其藏品提供支持，对艺术的关注还是远远不够。因此，个人和土邦主肩负起了这一职责。辛格认为，巴罗达（Baroda）土邦主萨亚吉·拉奥（Sayayji Rao）购买大量欧洲绘画藏品的行为不应被解读为"对欧洲做法财大气粗的效仿，或是缺乏热情和诚意的殖民进步思想"[5]，而是他进步的统治观念的体现。萨亚吉·拉奥修建了自己的博物馆，放入来自各个历史时期和文化的优秀物品，并向公众开放。辛格写道："萨亚吉·拉奥的收藏行为最重要的一点是，他凭一己之力在印度出钱购买最优秀的欧洲艺术作品，并馈赠给大众。英国人主张欧洲艺术优于东方艺术，并且声称要教育和教化印度人。然而，英国人从未尝试过为他们的印度公民提供接触高雅欧洲文化的机会。"

这是对印度的帝国博物馆事业作出的毫不留情的评价。接过博物馆事业的，是英国统治时期的土邦主和大英帝国治下的个人，他们向本书中我所定义的、以大英博物馆为滥觞的百科全书式的博物馆的构想敞开胸怀。（例如，1921 年和 1933 年，塔塔家族 [Tatas] 向威尔士亲王博物馆 [Prince of Wales Museum] 捐出其收藏的尼泊尔、日本、中国艺术品和欧洲绘画，供孟买公民参观。）从这一方面讲，印度的帝国博物馆是失败的，而国家博物馆也没有好到哪里去。这些博物馆只会向后回溯，用狭隘的政治术语来定义它们的印度，它们没有向世界敞开胸怀，而印度恰恰是这个世界永恒的一部分。它们统一构建的"印度"是站不住脚的，也不可能站得住脚。

尼尔·麦格雷戈指出，博物馆是一个展开对话和辩论的场所，而这在庙宇或清真寺里是不可能发生的。庙宇或清真寺都是从自身利益出发，这类机构致力于定义一套独特的、不同于别人的世界观。而博物馆，特别是百科全书式的博物馆，是没有一己私利的世俗场所，可供个人探索和公众谈论关于世界的"差异"。博物馆展示关于这些差异的证据，包括携带"差异"和"文化混合性"印记的物品，再将这些证据交付科学调查，并提供给公众思考。在我们身处的后民族世界，人与人之间本质化的差异正在被宗教复兴运动和文化民族主义所强化，因此，博物馆为包容理解差异提出了最美好的希望。

霍米·巴巴提醒："后殖民的公民社会是深度世界主义的，早在遇到自身'民族主义'的时刻之前，就已经经受住了'国际'文化和市场力量的风吹雨打……这正是弗朗兹·法农（Frantz Fanon）[1]的观点，他认为，尽管存在全球性的不平等和不公正，但如果缺乏宏观的跨民族福祉思维，仅仅为了民族利益而采取的行动是难以合乎道德的。"[6] 这是所有博物馆都应该接受的教训，也是启发所有博物馆成为"百科全书式"的理由，也是我贯穿全书想要强调的：百科全书式的博物馆诞生于启蒙运动，它鼓励对世界差异的好奇与理解；这样的差异永远存在，它们是各种文化中艺术作品的创作源泉，也在这些作品上留下了自己的印记；通过促进对文化和历史的基本真相的理解，博物馆将会鼓励对差异本身的包容。

印度的例子证明，有必要培养世界主义的世界观，鼓励文化机构为这种世界观给予支持。英国人创建了文化机构的典范——百科全书式的

---

[1] 弗朗兹·法农（1925—1961），出生于法属马提尼克岛，法国精神分析学家、社会哲学家、作家，深入揭露他所生活的时代与语言、情欲、性别、种族、宗教、社会变革等有关的各种问题，其代表作《黑皮肤，白面具》反映了他本人遭受的种族歧视，是一部探讨种族主义问题的力作。

博物馆，同时，英国人也在经济上剥削印度，剥夺印度人的自决权（在数十年的抗议示威和暴力对抗后，英国人才退场），并在印度建立了许多历史悠久的文化机构。可是，英国人并没有给予印度与英国同等的享受或是其他人效仿的对象——云集了世界文化代表性物证、以科学探索为使命、向公众开放、尊重个人自主性、致力于消除对世界的无知的博物馆。除了地方上设立的零星几座身份不凡的小型博物馆外，印度是没有这样的博物馆的，这是印度的帝国遗产的悲哀之处。

# 致 谢

　　这本书的起因是 2009 年我在美国赖斯大学做的坎贝尔讲座。"坎贝尔文学研究系列讲座"由已故的坎贝尔（T. C. Campbell）资助设立，他是赖斯大学 1934 届校友。非常感谢时任赖斯大学人文学院院长韦格睿（Gary Wihl，现任华盛顿大学文理学院院长）向我发出讲座邀请，也要感谢人文学院临时院长艾伦·马图索教授（Allen Matusow），感谢萨拉·坎贝尔（Sarah Campbell）及其家人的热情慷慨。接连三天，我将自己不成系统的思考和盘托出给一群富有挑战力的师生，正是这次机会促使我开始这本书的写作。

　　成书之前，我还在耶鲁大学、杜克大学、乔治·华盛顿大学、宾夕法尼亚大学考古与人类学博物馆、芝加哥大学东方学院、纽约城市大学人文中心、罗切斯特大学纪念美术馆、纽约大学人文中心和艺术学院及该校设于意大利佛罗伦萨的彼得拉政策对话中心发表过演讲，感谢这些机构的盛邀。对于那些提出了富有深度的问题、评价和反驳意见的老师和同学，我深怀感激之情。

　　本书基本按照讲座顺序来安排结构，在个别地方有所精简或扩充。我从第一次讲座中抽出一部分作为前言，新增的第四章则受到第三次讲座的启发，此外还增加了一篇简短的后记。写完本书后，我告别了芝加哥艺术博物馆，就任 J. 保罗·盖蒂信托基金（J. Paul Getty Trust）主席兼首席执行官。J. 保罗·盖蒂信托基金开展展览、研究、文物保护和资助项目，具有全球视野，它关注的诸多问题正是我在本书中所探讨的。我的这种声音贯穿全书，因为我是以一位百科全书式的博物馆馆长的身份来写这本书的。

感谢芝加哥大学出版社人文社科编辑部主任艾伦·托马斯（Alan Thomas）对于这一项目的远见卓识和浓厚兴趣，我们曾共进午餐，交流思想，谈论书籍，激发出灵感火花和持久动力。也要感谢乔尔·斯科尔（Joel Score）犀利的编辑之笔。

我还应提及我所阅读的书目及其作者。作讲座最大的乐趣在于，不但能听到有益的批评，在准备讲稿的过程中还能享受到读书的快乐。过去几年中，我读到一些书和文章，而本书仿佛就是我与那些作者之间的一次延伸对话。我有幸通过各种方式结识了其中的几位——夸梅·安东尼·阿皮亚、霍米·巴巴、迪佩什·查卡拉巴提、威廉·达尔林普尔、温迪·多尼格、芬巴尔·巴里·弗勒德、阿马蒂亚·森、卡薇塔·辛格——他们的分享都非常有启发性。

最应该感谢的是我的家人。多年来，当我忙于这本书和其他项目时，她们不得不忍受我在周末和假期里还在写作，把家里弄得一团糟。这本书在很大程度上要归功于萨拉、克莱尔和凯特的耐心、好脾气与爱。

# 注 释

## 前言　博物馆的重要性

1. *Art Newspaper* (April 2010), 23; "AAMD 2009 Statistical Survey", http://www.aamd.org.

2. Carol Duncan and Alan Wallach, "The Universal Survey Museum", *Art History* 3, no. 4 (December 1980): 457. 在 *Civilizing Rituals: Inside Public Art Museums* (London: Routledge, 1995) 一书中，邓肯进一步阐述了她的批评。

3. Tony Bennett, *The Birth of the Museum: History, Theory, Politics* (London: Routledge, 1995), 95.

4. 近年来有四本书（以博物馆研究和文化研究课程文集的形式）、差不多 2500 页和 162 篇文章都围绕"再造"（reinventing）博物馆这一主题。参见 Donald Preziosi and Claire Farago, eds., *Grasping the World: The Idea of the Museum* (Aldershot: Ashgate, 2004); Bettina Messias Carbonell, ed., *Museum Studies: An Anthology of Contexts* (Oxford: Blackwell, 2004);

Sharon Macdonald, ed., *A Companion to Museum Studies* (Oxford: Black-well, 2006); Gail Anderson, ed., *Reinventing the Museum: Historical and Contemporary Perspectives on the Paradigm Shift* (Walnut Creek, CA: Alta Mira Press, 2004)。近年文献综述参见 Andrew McClellan, "Museum Stud-ies Literature", *Art History* 303, no. 4 (September 2007): 566–570。麦克莱伦本人也著有博物馆研究课程书籍，参见 Andrew McClellan, ed., *Art and Its Publics: Museum Studies at the Millennium* (Oxford: Blackwell Publishing, 2003) 和 *The Art Museum, from Boullée to Bilbao* (Berkeley: University of California Press, 2008)。

5. 早期芝加哥历史参见 Dominic A. Pacyga, *Chicago: A Biography* (Chicago: University of Chicago Press, 2009) 和 James R. Grossman, Ann Durkin Keating, and Janice L. Reiff, eds. *The Encyclopedia of Chicago* (Chi-cago: University of Chicago Press, 2004)。

6. Daniel H. Burnham and Edward H. Bennett, *Plan of Chicago*, ed. Charles Moore (Princeton: Princeton University Press, 1993), 110–111.

7. 参见 http//quickfacts.census.gov/qfd/stats/17/1714000.htm。

8. 孔多塞（"有勇气审视一切"）、狄德罗（"一切事实都要平等地接受批判"）等人最先提出这类原则，转引自 Tzvetan Todorov, *In Defence of the Enlightenment*, trans. Gila Walker (London: Atlantic Books, 2009), 42。第一章中我还会论及托多罗夫和当代学者对启蒙运动所作的辩护。

9. Roxanne L. Euben, *Journeys to the Other Shore: Muslim and Western Travelers in Search of Knowledge* (Princeton: Princeton University Press, 2006), 196.

10. Edith Grossman, *Why Translation Matters* (New Haven: Yale University Press, 2010), xi.

11. Edward W. Said, *Culture and Imperialism* (London: Vintage Books, 1994), 49.

（中译文引自爱德华·W. 萨义德，《文化与帝国主义》，李琨译，生活·读书·新知三联书店，2016年，第56页。——译者注）

## 第一章　博物馆和启蒙运动

1. Zeev Sternhell, *The Anti-Enlightenment Tradition*, trans. David Maisel (New Haven: Yale University Press, 2010), 41.

2. 参见 Andrew McClellan, *Inventing the Louvre: Art, Politics, and the Origins of the Modern Museum in Eighteenth-Century Paris* (Cambridge: Cambridge University Press, 1994); Thomas W. Gaehtgens, *Die Berliner Museumsinsel im Deutschen Kaiserreich: Zur Kulturpolitik der Museen in der wilhelminischen Epoche* (München: Deutscher Kunstverlag, 1992); Geraldine Norman, *The Hermitage: The Biography of a Great Museum* (New York: Fromm International, 1998)。

3. 参见 Arthur MacGregor, ed., *Sir Hans Sloane, Collector, Scientist, Antiquary, Founding Father of the British Museum* (London: British Museum Press, 1994); Marjorie L. Caygill, "From Private Collection to Public Museum: The Sloane Collection at Chelsea and the British Museum in Montagu House", in *Enlightening the British: Knowledge, Discovery and the Museum in the Eighteenth Century*, ed. R. G. W. Anderson, M. L. Caygill, A. G. MacGregor, and L. Syson (London: British Museum Press, 2003), 18 - 28; Kim Sloan, "'Aimed at universality and belonging to the nation': The Enlightenment and the British Museum", in *Enlightenment: Discovering the World in the Eighteenth Century*, ed. Kim Sloan (London: British Museum Press, 2003), 12 - 25; Marjorie Caygill, *The Story of the British Museum* (London: Museum Publications, 1981)。

4. MacGregor, *Sir Hans Sloane*, 31 – 34.

5. Marjorie Caygill, "Sloane's Will and the Establishment of the British Museum", in MacGregor, *Sir Hans Sloane*, 45 – 68.

6. *Le Moniteur*, 14:263, 转引自 McClellan, *Inventing the Louvre*, 91 – 92。

7. 尼尔·麦格雷戈关于大英博物馆宗旨的论述参见 Neil MacGregor, "To Shape the Citizens of 'That Great City, the World'", in *Whose Culture? The Promise of Museums and the Debate over Antiquities*, ed. James Cuno (Princeton: Princeton University Press, 2009)。也可参见 Neil MacGregor, "The Whole World in Our Hands" (review), *Guardian* (July 24, 2004), 5 – 7。

8. 参见 Bengt Jonsell, "Linnaeus, Solander and the Birth of the Global Plant Taxonomy", in Anderson et al., *Enlightening the British*, 92 – 99。

9. Albrecht Dürer, *The Writings of Albrecht Dürer*, trans. and ed. William Martin Conway (New York: Philosophical Library, 1958), 101 – 102.

10. 参见 Caygill, *Story of the British Museum*。

11. 参见 Luke Syson, "The Ordering of the Artificial World: Collecting, Classification and Progress", in Sloan, *Enlightenment*, 108 – 121。

12. 转引自同上，120。

13. Roy Porter, *Enlightenment: Britain and the Creation of the Modern World* (London: Penguin Books, 2000), 92. 也可参见 John Considine, *Dictionaries in Early Modern Europe* (Cambridge: Cambridge University Press, 2008); Robert DeMaria Jr., *Johnson's Dictionary and the Language of Learning* (Oxford: Clarendon Press, 1986); Frank A. Kafker, ed., *Notable Encyclopedias of the Seventeenth and Eighteenth Centuries* (Oxford: Voltaire Foundation at the Taylor Institution, 1981); Robert Collison, *Encyclopedias* (New York: Hafner, 1964)。

14. Robert Darnton, *Business of Enlightenment* (Cambridge: Harvard

University Press, 1979), 12.

15. Porter, *Enlightenment*, 86, 92, 81, 86.

16. 同上，20。

17. John Brewer, *The Pleasures of the Imagination: English Culture in the Eighteenth Century* (New York: Farrar, Straus Giroux, 1997), 3.

18. 同上，37。

19. 斯隆有一位富有的妻子，同时他自己也是一位地位显赫并名极一时的医生：他是爱丁堡医师学院（College of Physicians of Edinburgh）成员、伦敦医师学院（College of Physicians in London）院长、安妮女王（Queen Anne）和乔治一世（George I）的专任医生、乔治二世的常任医生、英国军队总医生、英国皇家学会秘书和会长、法兰西皇家科学院（Académie Royale des Sciences）外籍准院士、普鲁士皇家科学院（Royal Prussian Academy of Sciences）成员，以及位于圣彼得堡、马德里、哥廷根的科学院成员。1716 年，他受封为准男爵，成为首位获此世袭称号的医生。斯隆对科学最重要也最长久的贡献是由他建立、编目后来捐献给国家的藏品。参见 MacGregor, *Sir Hans Sloane*, 11‒44。

20. 转引自 Porter, *Enlightenment*, 88。

21. 同上，94。

22. Alan Wolfe, *The Future of Liberalism* (New York: Alfred A. Knopf, 2009), 14.

（中译文引自艾伦·沃尔夫，《自由主义的未来》，甘会斌、王崧译，译林出版社，2017 年，第 2 页。——译者注）

23. Hans Reiss, "Introduction", in Immanuel Kant, *Kant: Political Writings*, ed. Reiss (Cambridge: Cambridge University Press, 2009), 25. 也可参见 Jürgen Habermas, "On the Internal Relation between the Rule of Law and Democracy", in Habermas, *The Inclusion of the Other: Studies in Political Theory*, ed. Ciaran Cronin and Pablo De Greiff (Cambridge: MIT Press, 1998),

258–259。

24. Thomas Jefferson, "Declaration of Independence", in Lynn Hunt, *Inventing Human Rights* (New York: W. W. Norton, 2007), 216.

（中译文引自詹姆斯·麦迪逊，《辩论：美国制宪会议记录》，尹宣译，译林出版社，2014年，第707页。——译者注）

25. "Declaration of the Rights of Man and Citizen", in Hunt, *Inventing Human Rights*, 221.

（中译文引自格奥尔格·耶里内克，《〈人权与公民权利宣言〉：现代宪法史论》，李锦辉译，商务印书馆，2012年，第12—13页。——译者注）

26. 例如，1791年法国革命政府赋予犹太人和一些自由黑人平等权利，1792年，无产者也被纳入其中，1794年，法国革命政府正式废除奴隶制，并至少在原则上对曾经的奴隶赋予了平等权利。参见 Hunt, *Inventing Human Rights*, 28。启蒙运动共和主义思想的遗产在近年的文件中体现得更加突出。1945年《联合国宪章》规定，尊重和增进人权为各成员国基本义务，1948年联合国《世界人权宣言》开篇写道："鉴于对人类家庭所有成员的固有尊严及其平等的和不移的权利的承认，乃是世界自由、正义与和平的基础……"，同上，223。也可参见 Habermas, "Kant's Idea of Perpetual Peace: At Two Hundred Years' Historical Remove", in Habermas, *Inclusion of the Other*, 165–201。

27. Immanuel Kant, "An Answer to the Question: 'What is Enlightenment?'" in Reiss, *Kant: Political Writings*, 54.

（中译文引自康德，《答复这个问题："什么是启蒙运动？"》，载康德，《历史理性批判文集》，何兆武译，商务印书馆，1990年，第23页。——译者注）

28. 同上，55。

（中译文引自康德，《答复这个问题："什么是启蒙运动？"》，载康

德，《历史理性批判文集》，何兆武译，商务印书馆，1990 年，第 25—26 页。——译者注）

29. Clifford Siskin and William Warner, eds., *This Is Enlightenment* (Chicago: University of Chicago Press, 2010), 16.

30. Michel Foucault, "What Is Enlightenment?" in *The Foucault Reader*, ed. Paul Rabinow (New York: Pantheon, 1984), 42.

31. Michel Foucault, "Truth and Power", in Rabinow, *Foucault Reader*, 61.

32. Dipesh Chakrabarty, *Habitations of Modernity: Essays in the Wake of Subaltern Studies* (Chicago: University of Chicago Press, 2002), 24. 也可参见 Gyan Prakash, *Another Reason: Science and the Imagination of Modern India* (Princeton: Princeton University Press, 1999)。我会在第四章中再次提到这个问题。

33. 参见 Dorinda Outram, *The Enlightenment*, 2nd ed. (1995; Cambridge: Cambridge University Press, 2005); Porter, *Enlightenment*; John Robertson, *The Case for the Enlightenment: Scotland and Naples 1680–1760* (Cambridge: Cambridge University Press, 2005); William Clark, Jan Golinski, and Simon Shaffer, eds., *The Sciences in Enlightened Europe* (Chicago: University of Chicago Press, 1999); Sarah Knott and Barbara Taylor, *Women, Gender, and Enlightenment* (New York: Palgrave McMillan, 2005); Karen O'Brien, *Women and Enlightenment in Eighteenth-Century Britain* (Cambridge: Cambridge University Press, 2009); Charles W. J. Withers, *Placing the Enlightenment: Thinking Geographically about the Age of Reason* (Chicago: University of Chicago Press, 2007); J. J. Clarke, *Oriental Enlightenment: The Encounter between Asian and Western Thought* (London: Routledge, 1997); Daniel Carey and Lynn M. Festa, *The Postcolonial Enlightenment: Eighteenth-Century Colonialism and Postcolonial Theory* (Oxford: Oxford University Press, 2009);

Ziad Elmarsafy, *The Enlightenment Quran* (Oxford: Oneworld, 2009); Karen O'Brien, *Narratives of Enlightenment: Cosmopolitan History from Voltaire to Gibbon* (Cambridge: Cambridge University Press, 1997);Alan Charles Kors, *Encyclopedia of the Enlightenment* (Oxford: Oxford University Press, 2003)。"再启蒙项目"负责人克利福德·西斯金（Clifford Siskin）与威廉·沃纳（William Warner）合编了《这就是启蒙》(*This Is Enlightenment*)一书（见前文引用），该书是 2007 年美国纽约大学"思索启蒙的过去与现在"（Mediating Enlightenment Past and Present）会议成果。参见 http://www. reenlightenment.org。英国牛津大学博德利图书馆（Bodleian Libraries at Oxford University）建有在线资源库"电子启蒙运动"（Electronic Enlightenment），正在不断扩充中，目前已囊括 7133 人的 58555 份书信和文件，这些资料"标志着现代世界的开端"。参见 http:// www.e-enlightenment. com。

34. Tzvetan Todorov, *In Defence of the Enlightenment*, trans. Gila Walker (London: Atlantic Books, 2009).

35. Todorov, *In Defence of the Enlightenment*, 23, 13‒14.

36. Reiss, "Introduction", 25.

37. Reiss, "Introduction", 34, and Kant, "Idea for a Universal History with a Cosmopolitan Purpose" (1784), in Reiss, *Kant: Political Writings*, 41‒53.

38. Todorov, *In Defence of the Enlightenment*, 122‒123, 127.

39. 同上，143‒144。

40. Sternhell, *Anti-Enlightenment Tradition*, 49.

41. 同上，101。

42. 同上，16。

43. 同上，101, 104。

44. 同上，195。

45. Todorov, *In Defence of the Enlightenment*, 151.

46. MacGregor, "To Shape the Citizens", 40.


## 第二章 博物馆和话语

1. Vladimir Nabokov, *Transparent Things* (1972; New York: Vintage, 1989), 1，转引自 Bill Brown, *A Sense of Things: The Object Matter of American Literature* (Chicago: University of Chicago Press, 2003), 7。

2. 转引自 Marjorie Caygill, "Sloane's Will and the Establishment of the British Museum", in Arthur MacGregor, ed., *Sir Hans Sloane: Collector, Scientist, Antiquary, Founding Father of the British Museum* (London: British Museum Press, 1994), 55。

3. 转引自 Marjorie Caygill, "From Private Collection to Public Museum: The Sloane Collection at Chelsea and the British Museum in Montagu House", in *Enlightening the British: Knowledge, Discovery and the Museum in the Eighteenth Century*, ed. R. G. W. Anderson, M. L. Caygill, A. G. MacGregor, and L. Syson (London: British Museum Press, 2003), 20。

4. Svetlana Alpers, "The Museum as a Way of Seeing", in *Exhibiting Cultures: The Poetics and Politics of Museum Display*, ed. Ivan Karp and Steven D. Levine (Washington, DC: Smithsonian Institution, 1991), 32.

5. Ira Jacknis, "Franz Boas and Exhibits", in George W. Stocking Jr., *Objects and Others: Essays on Museums and Material Culture* (Madison: University of Wisconsin Press, 1985), 79.

6. 同上，91 - 94。

7. Brown, *Sense of Things*, 94.

8. Jacknis, "Franz Boas and Exhibits", 101, 102.

9. 同上，108。

10. Steven Conn, *Museums and American Intellectual Life, 1876–1926* (Chicago: University of Chicago Press, 1998), 31.

11. Brown, *Sense of Things*, 126.

12. Paul Valéry, "The Problem of Museums", in *Degas. Manet. Monet*, trans. David Paul (New York: Pantheon Books, 1960), 202.

13. 同上。

14. 参见 John Elderfield, ed., *Imagining the Future of the Museum of Modern Art*, Studies in Modern Art 7 (New York: Museum of Modern Art, 1998)。

15. Varnedoe, in Elderfield, *Imagining the Future*, 32.

16. Taylor, 同上，34 – 35。

17. Tschumi，同上，41 – 42。

18. Serra，同上，48。

19. Gopnik，同上，44。

20. Michael Baxandall, "Exhibiting Intention: Some Preconditions of the Visual Display of Culturally Purposeful Objects", in Karp and Levine, *Exhibiting Cultures*, 34.

21. 与此同时兴起的还有后现代理论，博物馆、文化和视觉研究项目（文化人类学者莎伦·麦克唐纳 [Sharon Macdonald] 称之为"今日学术中最多学科化且越来越跨学科化的领域"，"Expanding Museum Studies: An Introduction", in *A Companion to Museum Studies*, ed. Macdonald, Oxford: Blackwell Publishing, 2006, 1），以及"新博物馆学"（new museology，即关注博物馆的"目的"，而不是博物馆实践的具体做法，参见 Peter Vergo, ed., *The New Museology*, London: Reaktion Books, 1989）。

22. Carol Duncan and Alan Wallach, "The Universal Survey Museum", *Art History 3*, no. 4 (December 1980), 450. 也可参见 Duncan, "Art Muse-

ums and the Ritual of Citizenship", in Karp and Levine, *Exhibiting Cultures*, 88 – 103 以及 Duncan, *Civilizing Rituals: Inside Public Art Museums* (London: Routledge, 1995)。

23. 同上，451。

24. 同上，457, 449。

25. Tony Bennett, *The Birth of the Museum: History, Theory, Politics* (London: Routledge, 1995), 94, 95.

26. Donald Preziosi, "Brain of the Earth's Body: Museums and the Framing of Modernity", in *Museum Studies: An Anthology of Contexts*, ed. Bettina Messias Carbonell (Oxford: Blackwell, 2004), 76.

27. 同上，82。

28. Donald Preziosi, "Art History and Museology: Rendering the Visible Legible", in Macdonald, *Companion to Museum Studies*, 56.

29. Donald Preziosi, "Museology and Museography", in "A Range of Critical Perspectives: The Problematics of Collecting and Display, Part I", *Art Bulletin* (March 1995), 13 – 15.

30. 在普雷齐奥西与克莱尔·法拉戈（Claire Farago）合编的《领会世界：博物馆的理念》(*Grasping the World: The Idea of the Museum*) 一书中，两人身处"后启蒙时代的世界中"，言语间充满了自信。他们的任务是"围绕我们今天对博物馆构建并维持现代性的主力作用的普遍理解，规划出对这类实践的批判性、历史性和伦理性解读"。他们认为，博物馆学、殖民主义和帝国主义（"及其最后产生的道德、社会和认识论效果和可供性"）有着不可分割的联系。他们还注意到，博物馆的出现，与引起福柯（和本尼特）注意的认识范式的转变是同时发生的。"博物馆和剧院、百科全书、实验室一样，激发（展示）各种松散关系、历史关系和（秘密的）目的论关系"，博物馆"是理解所有的可能世界及其主体的诊断工具和模块化手段"。在他们看来，博物馆是"一种'被安排的环境'，它启迪着我们，把我们的欲望置于'想象的过去'之中"，从而"从本质上改变了世界"。参见 Preziosi and Farago, eds., *Grasping the World: The Idea of the Museum* (Aldershot: Ashgate, 2004), 1－8。

这些高校派评论家的博物馆观念与我们博物馆从业者之间存在的差异呼应了20世纪70年代至80年代发展起来、至今依然徘徊不去的"两种艺术史"的分裂。1999年在美国斯特林和弗朗辛·克拉克艺术博物馆（Sterling and Francine Clark Art Institute）举办的一次会议上，以及美国学院艺术协会（College Art Association）主要学术期刊《艺术学报》（*Art Bulletin*）的编辑撰写的一篇社论中，都提到了"两种艺术史"的分裂。在那篇社论中，理查德·布里连特（Richard Brilliant）指出，博物馆学者和高校学者从事的不同活动似乎进一步拉大了各自实践者的距离。"附加在两者各自扮演的角色上的要求，两者的主要活动领域，以及各自专业中所面对的大众，正变得越发地各具特色，呼应了斯诺（C. P. Snow）提出的'两个世界'。"参见 Brilliant, "Out of Site, Out of Mind" (editorial), *Art Bulletin* (December 1992), 561 和 Charles W. Haxthausen, ed., *The Two Art Histories* (Williamstown, MA: Sterling and Francine Clark Art Institute, 2002)。

31. Carol Duncan, "From the Princely Gallery to the Public Art Museum: The Louvre Museum and the National Gallery, London", in Preziosi and Farago, *Grasping the World*, 256.

32. 参见 Anna Summers Cocks, "Sarkozy Presides over Louvre Abu Dhabi Groundbreaking while Launching French Military Base in the Region", *Art Newspaper* (May 20, 2009), http://www.theartsnewspaper.com。卢浮宫博物馆官网有该项目及其目的的介绍："与阿布扎比酋长国分享法国的文化遗产", http://www.louvre.fr。

33. Duncan and Wallach, "Universal Survey Museum", 457.

34. 参见 Stephen Bann, "The Return to Curiosity: Shifting Paradigms in

Contemporary Museum Display", in *Art and Its Publics: Museum Studies at the Millennium*, ed. Andrew McClellan (Oxford: Blackwell Publishing, 2003), 120。

35. 英国维多利亚与艾伯特博物馆（Victoria and Albert Museum）（藏品编号 M.220.1916）和美国波士顿美术馆（Boston Museum of Fine Arts）（藏品编号 55.471）藏有类似的加装托架的执壶。

36. 马可·波罗和伊本·白图泰的话引自 John Carswell, *Blue and White: Chinese Porcelain and Its Impact on the Western World* (Chicago: David and Alfred Smart Gallery, University of Chicago, 1985)。该书有助于了解青花瓷，作者还著有 *Blue and White: Chinese Porcelain Around the World* (London: British Museum Press, 2000)。

37. 目前，中国 — 中东商路沿线共打捞出 1.8 万件瓷器，其中 5000 件产自 1323 年前的中国瓷都景德镇。参见 John Guy, "Asian Trade and Exchange before 1600", in *Encounters: The Meeting of Asia and Europe, 1500–1800*, ed. Anna Jackson and Amin Jaffer (London: V&A Publications, n.d.), 60－67 以及 Carswell, *Blue and White* (2000), 67－70。

38. 中国很早便开始为葡萄牙市场定制青花瓷，包括带基督教图案的器物。葡萄牙对中国瓷器抱有浓厚兴趣，在里斯本桑托斯宫（De Santos palace）的一个房间中，金字塔形屋顶的三角形四壁贴有 260 件青花瓷器，年代从 1500 年前后至 17 世纪中期。参见 Carswell, *Blue and White* (2000), 129－137。

39. 参见 Sir Francis Watson, *Chinese Porcelain in European Mounts* (New York: China House Gallery, 1980) 以及 Rose Kerr, "Chinese Porcelain in Early European Collections", in Jackson and Jaffer, *Encounters*, 46－51。

40. Lionel Trilling, "Mind in the Modern World", in *The Moral Obligations to Be Intelligent* (New York: Farrar Straus Giroux, 2000), 496. 默多克的话引自 Elaine Scarry, *On Beauty and Being Just* (Princeton: Princeton Uni-

versity Press, 1999), 112。也可参见拙作 "The Object of Art Museums", in *Whose Muse? Art Museums and the Public Trust*, ed. James Cuno (Princeton: Princeton University Press, 2004), 49‐75。

41. Alan Wolfe, *The Future of Liberalism* (New York: Alfred A. Knopf, 2009), 30.

42. Stephen Greenblatt, "Resonance and Wonder", in Karp and Lavine, *Exhibiting Cultures*, 42‐56.

43. Alpers, "Museum as a Way of Seeing", 31.

44. Duncan, *Civilizing Rituals*, 4.

## 第三章　博物馆和世界主义

1. Tony Judt, "Crossings", *New York Review of Books* (March 25, 2010), 15.

2. 1368 年伊本·白图泰去世，此后的四百年间，《游记》的数个版本在西非、北非和埃及有学识的阿拉伯语读者中流传。在这些国家以外的地方，该书一直不为人所知，直到 19 世纪初两位德国学者和一位英国人分别翻译出版了删节版的译文。19 世纪中叶，法国殖民当局在阿尔及利亚发现了五份手稿并将其带到巴黎，存放在法国国家图书馆（Bib-liothèque Nationale），从那以后，该书的译本遍及许多国家，包括西班牙、匈牙利、俄罗斯、伊朗和日本，出现了很多英文译本，包括一个带索引的四卷"完整"译本（最新版于 2001 年出版）。参见 Ross E. Dunn, *The Adventures of Ibn Battuta: A Muslim Traveler of the Fourteenth Century* (Berkeley: University of California Press, 1989)。

3. 同上，12‐13。

4. 参见 Marshall G. S. Hodgson, "Hemispheric Interregional History as

an Approach to World History", *Journal of World History* 1 (1954): 715–723 和 Hodgson, *The Venture of Islam: Conscience and History in a World Civilization*, 3 vols. (Chicago: University of Chicago Press, 1974)。也可参见 William H. McNeill, *The Rise of the West: A History of the Human Community* (Chicago: University of Chicago Press, 1963)。

5. Roxanne L. Euben, *Journeys to the Other Shore: Muslim and Western Travelers in Search of Knowledge* (Princeton: Princeton University Press, 2006), 87, 88.

6. Muhammad Bamyeh, "Global Order and the Historical Structures of Dar al-Islam", in Manfred Steger, ed., *Rethinking Globalism* (Lanham, MD: Rowan and Littlefield, 2004), 223.

7. 玄奘是 7 世纪中国唐代僧人，他从今西安远行至印度取经，后返回西安，一路上记述了他的所见所闻。威尔弗雷德·塞西杰（Wilfred Thesiger）是 20 世纪中期英国的作家，他出生在埃塞俄比亚的斯亚贝巴，写书介绍了阿拉伯半岛"空荡角落"的贝都因人和伊拉克南部沼泽地带的阿拉伯人。雷沙德·卡普钦斯基（Ryszard Kapuścínski）是 20 世纪末波兰记者，他揭露了埃塞俄比亚皇帝海尔·塞拉西（Haile Selassie）统治的衰亡、伊朗国王的倒台等，他的《与希罗多德一起旅行》（*Travels with Herodotus*，2007）和《他者》（*The Other*，2008），一半是回忆录，一半是对旅行的思考。诺贝尔文学奖得主、印度裔英国作家 V.S. 奈保尔（V. S. Naipaul）出生于特立尼达岛，他的游记，如《信徒的国度》（*Among the Believers*，1981）、《印度：百万叛变的今天》（*India: A Million Mutinies Now*，1990）和《信仰之外》（*Beyond Belief*，1998），揭露入骨、饱含争议，内容翔实地记述了他在中东和印度与民族主义、激进主义和后殖民生活的遭遇。关于旅行和比较文学研究的内容见本书第四章。

8. Paul Ricoeur, *History and Truth* (Evanston, IL: Northwestern Univer-

sity Press, 1965), 278.

9. Euben, *Journeys to the Other Shore*, 10.

10. Vinay Dharwadker, "A. K. Ramanujan's Theory and Practice of Translation", 转引自 Finbarr B. Flood, *Objects of Translation: Material Culture and Medieval "Hindu-Muslim" Encounter* (Princeton: Princeton University Press, 2009), 3.

11. Edith Grossman, *Why Translation Matters* (New Haven: Yale University Press, 2010), 14.

12. Richard Rorty, "Cosmopolitanism without Emancipation: A Response to Jean–François Lyotard", in *Objectivism, Relativism, and Truth, Philosophical Papers* (Cambridge: Cambridge University Press, 1991), 1:213; Kwame Anthony Appiah, *Cosmopolitanism: Ethics in a World of Strangers* (NY: W. W. Norton, 2006), xv.

13. Euben, *Journeys to the Other Shore*, 1.

14. 参见 Barbara Plankensteiner, "Introduction", in *Benin Kings and Rituals: Court Arts from Nigeria*, ed. Plankensteiner (Vienna: Kunsthistorisches Museum, 2007), 21 - 39。

15. 参见 Osarhieme Benson Osadolor, "Warfare, Warriors and Weapons in the Pre–Colonial Kingdom of Benin", in Plankensteiner, *Benin Kings and Rituals*, 73 - 82。

16. Kathleen Bickford Berzock, "Talismanic Textile", in *The Silk Road and Beyond: Travel, Trade, and Transformation*, ed. Karen Manchester (Chicago: Art Institute of Chicago, 2007), 87 - 88.

17. Tanya Treptow, "Bhaishajyaguru Mandala", in Manchester, *Silk Road*, 78. 也可参见 Pratapaditya Pal, ed., *Himalayas: An Aesthetic Adventure* (Chicago: Art Institute of Chicago, 2003), 190 - 193。

18. 下文中的许多事实来自 Brenda Richardson, *Brice Marden: Cold*

*Mountain* (Houston: Houston Fine Art Press), 1992。

19. Yoshiaki Shimizu and John M. Rosenfield, *Master of Japanese Calligraphy, 8th–19th Century* (New York: Asia Society Galleries and Japan House, 1984).

20. *The Collected Songs of Cold Mountain*, trans. Red Pine, with an introduction by John Blofeld (Port Townsend, WA: Copper Canyon Press, 1983).

21. Han Shan, "Cold Mountain Poem 81", in *Classical Chinese Poetry: An Anthology*, trans. and ed. David Hinton (New York: Farrar Straus Giroux, 2008), 216.

22. Richardson, *Brice Marden*, 76.

23. 作品集《致土红公的版画》1986 年由 Peter Blum Edition 出版。凸版印刷合集于同年出版：*Thirty-Six Poems by Tu Fu, Translated by Kenneth Rexroth with Twenty-Five Etchings by Brice Marden*, intro. Bradford Morrow (New York: Peter Blum Edition, 1986)。

24. 照片参见 Richardson, *Brice Marden*, 61‑63。

25. 同上，70。

26. 原文出自 Pat Steir, "Brice Marden: An Interview", in *Brice Marden: Recent Drawings and Etchings*(New York: Matthew Marks, 1991)，转引自 Richardson, *Brice Marden*, 51‑52。

27. 倪瓒作品的评价参见 James Cahill, "The Yuan Dynasty (1271‑1368)", in *Three Thousand Years of Chinese Painting*, ed. Yang Xin, Nie Chongzheng, Lang Shaojun, et al. (New Haven: Yale University Press, 1997), 169‑175。

28. Maxwell K. Hearn, *How to Read Chinese Paintings* (New York: Metropolitan Museum, 2008), 98‑105; Cahill, "Yuan Dynasty", 173.

29. 同上，98。

30. 同上，4, 78‑87。

31. James Cahill, "Approaches to Chinese Painting, Part II", in Yang Xin, Nie Chongzheng, Lang Shaojun, Richard M. Barnhart, James Cahill, and Wu Hung, *Three Thousand Years of Chinese Painting* (New York: Yale University Press, 1997), 10.

（中译文引自高居翰，《中国画鉴赏（二）》，载杨新、班宗华、聂崇正、高居翰、郎绍君、巫鸿，《中国绘画三千年》，外文出版社、耶鲁大学出版社，1997年，第10页。——译者注）

32. Han Shan, "Cold Mountain Poem 28", in Hinton, *Classical Chinese Poetry*, 215.

33. Grossman, *Why Translation Matters*, 8–9.

34. 同上，71。

35. 同上，23。

36. 我不禁想起小说家马丁·埃米斯（Martin Amis）谈论索尔·贝娄（Saul Bellow）的作品对他的重要影响时说："我一年大概见贝娄两次，我们会打电话和写信。不过，这只是我俩互相陪伴的部分时光。他就在我的书架、书桌上，在我房子的每个角落，随时处于与我交谈的状态。这才是写作，写作不是通信，而是一种陪伴。另外一些作家就围绕在你身边，他们像朋友一样，耐心十足、亲密无间、不睡觉地陪着你，数百年如一日。这就是文学的定义。"Amis, *Experience* (New York: Talk Miramax Books, 2000), 268。

37. Bamyeh, "Global Order", 218.

38. 1784年，即康德发表《答复这个问题："什么是启蒙运动？"》（An Answer to the Question: "What is Enlightenment?"）的同一年，他在《柏林月刊》发表《世界公民观点之下的普遍历史观念》（Idea for a Universal History with a Cosmopolitan Purpose）。1795年，康德发表长文《永久和平论》。两篇文章都收入 *Kant: Political Writings*, ed. Hans Reiss (Cambridge: Cambridge University Press, 1991)，页码分别为41—53和

61—92。

39. Nussbaum, "Kant and Cosmopolitanism", 29.

40. Martha C. Nussbaum, *For Love of Country?* (Boston: Beacon Press, 2002).

41. Martha C. Nussbaum, "Patriotism and Cosmopolitanism", in *For Love of Country?*, 7, 11.

42. Kwame Anthony Appiah, "Cosmopolitan Patriots", in Nussbaum, *For Love of Country?*, 22, 29.

43. Richard Falk, "Revisioning Cosmopolitanism", in Nussbaum, *For Love of Country?*, 53, 54, 57, 60.

44. Nathan Glazer, "Limits of Loyalty", in Nussbaum, *For Love of Country*?, 65.

45. Elaine Scarry, "The Difficulty of Imagining Other People", in Nussbaum, *For Love of Country?*, 99, 110.

46. Alan Wolfe, *The Future of Liberalism* (New York: Alfred A. Knopf,2009), 112.

（中译文引自艾伦·沃尔夫，《自由主义的未来》，甘会斌、王崧译，译林出版社，2017年，第113页。——译者注）

47. 同上，113。

（中译文引自艾伦·沃尔夫，《自由主义的未来》，甘会斌、王崧译，译林出版社，2017年，第114页。——译者注）

48. Euben, *Journeys to the Other Shore*, 176.

49. Sami Zubaida, "Cosmopolitanism and the Middle East", in *Cosmopolitanism, Identity, and Authenticity in the Middle East*, ed. Roel Meijer (Surrey: Curzon,1999)，转引自 Euben, *Journeys to the Other Shore*, 185。

50. Carol A. Breckenridge, Sheldon Pollock, Homi K. Bhabha, and Dispesh Chakrabarty, eds., *Cosmopolitanism* (Durham: Duke University Press,

2002).

51. 同上，6。

52. 同上，8。

53. Sheldon Pollock, "Cosmopolitan and Vernacular in History", in Breckenridge et al., *Cosmopolitanism*, 15‑53，引自 29。

54. 同上，40。

55. 同上，46。

56. Mamadou Diouf, "The Senegalese Murid Trade Disaspora and the Making of a Vernacular Cosmopolitanism", trans. Steven Rendall, in Breckenridgeet. al., *Cosmopolitanism*, 111, 126, 132.

57. Walter D. Mignolo, "The Many Faces of Cosmo‑polis: Border Thinking and Critical Cosmopolitanism", in Breckenridge et. al., *Cosmopolitanism*, 182.

58. Seyla Benhabib, *Another Cosmopolitanism* (Oxford: Oxford University Press, 2006), 15‑17, 32.

59. 同上，71。

60. Euben, *Journeys to the Other Shore*, 3.

61. Pollock, "Cosmopolitan and Vernacular", 47.

62. Homi K. Bhabha, *The Location of Culture* (London: Routledge, 1994), 159‑160。也可参见 Peter Burke, *Cultural Hybridity* (London: Routledge, 2009)。

63. Benhabib, *Another Cosmopolitanism*, 47.

64. 同上，48。

65. 艾伦·沃尔夫也讨论过公共机构的价值："提升公共论说的水平是对愚昧公众的最好解毒剂。"他认为，这是公共机构之所以重要的原因，它们鼓励反思："它们帮着把我们带出自然状态，带入一种社会状态，在前一状态下我们的意见可能是情绪化的，在后一状态下我们的意见更可能成熟定型。"（中译文引自艾伦·沃尔夫，《自由主义的未来》，甘会斌、王崧译，译林出版社，2017年，第199页。——译者注）参见 Wolfe, *The Future of Liberalism*, 196。

66. Benhabib, *Another Cosmopolitanism*, 49.

67. Bhabha, *Location of Culture*, 83 – 84.

## 第四章　博物馆和帝国

1. Sanjay Subrahmanyam, "Golden Age Hallucinations", *Outlook India Magazine* (August 20, 2001), http://www.outlookindia.com.

2. Jane Burbank and Frederick Cooper, *Empires in World History: Power and the Politics of Difference* (Princeton: Princeton University Press, 2010), 2.（中译文引自简·伯班克、弗雷德里克·库珀，《世界帝国史：权力与差异政治》，柴彬译，商务印书馆，2017年，第6页。——译者注）

3. Ranajit Guha, ed., *Subaltern Studies I* (New Delhi: Oxford University Press, 1982), 4. 也可参见 Guha, ed., *Subaltern Studies Reader* (Minneapolis: University of Minnesota Press, 1997)，以及 Partha Chatterjee, "A Brief History of Subaltern Studies", in *Empire and Nation* (New York: Columbia University Press, 2010), 289 – 301。还可参见 Robert J. C. Young, "Hybridity and Subaltern Agency", in *Postcolonialism: An Historical Introduction* (Oxford: Blackwell, 2001), 337 – 359。

4. Dipesh Chakrabarty, "A Small History of Subaltern Studies", in *Habitations of Modernity: Essays in the Wake of Subaltern Studies* (Chicago: University of Chicago, 2002), 14.

5. Partha Chatterjee, "Whose Imagined Community?" in *Empire and Nation*, 23 – 36, and Chatterjee, *The Nation and Its Fragments: Colonial and*

*Postcolonial Histories* (Princeton: Princeton University Press, 1993), 3 - 13. 参见 Benedict Anderson, *Imagined Communities: Reflections on the Origin and Spread of Nationalism* (London: Verso, 1983)。

6. Partha Chatterjee, *Nationalist Thought and the Colonial World* (Minneapolis: University of Minnesota Press, 2008), first published for the United Nations University in 1986; Chatterjee, "The Constitution of Indian Nationalist Discourse", in *Empire and Nation*, 37 - 58; Dipesh Chakrabarty, "Subaltern Histories and Post-Enlightenment Rationalism", in *Habitations of Modernity*, 38 - 50;Chakrabarty, "Reason and the Critique of Historicism", in *Provincializing Europe: Postcolonial Thought and Historical Difference* (Princeton: Princeton University Press, 2000), 237 - 255.

7. Chatterjee, "Constitution of Indian Nationalist Discourse", 39 - 47, and *Nationalist Thought*, 73.

8. Chatterjee, *Nationalist Thought*, 77 - 81.

9. Chatterjee, "Constitution of Indian Nationalist Discourse", 47 - 52, and *Nationalist Thought*, 85 - 130.

10. Chatterjee, *Nationalist Thought*, 86.

11. Arjun Appadurai, "Patriotism and Its Futures", *Public Culture* (Spring1993), 413.

12. Chatterjee, "Constitution of Indian Nationalist Discourse", 52 - 58, and *Nationalist Thought*, 131 - 166.

13. Chatterjee, *Nationalist Thought*, 141.

14. Jawaharlal Nehru, *The Discovery of India* (New Delhi: Penguin, 2004), 622.

15. Chatterjee, *Nationalist Thought*, 153.

16. Guha, *Subaltern Studies I*, 5 - 6.

17. Rabindranath Tagore, "Nationalism in India", in *Nationalism* (Lon-

don: Macmillan, 1950), 99.

18. 一本有趣的文集探讨了南亚宗教身份认同的历史与政治（以及史学的政治化）。参见 David Gilmartin and Bruce B. Lawrence, eds., *Beyond Turk and Hindu: Rethinking Religious Identities in Islamicate South Asia* (Gainsville: University Press of Florida, 2000)。

19. 参见 Partha Chatterjee, "History and the Nationalization of Hinduism", in *Empire and Nation*, 59‐90。

20. Sarvepalli Gopal, ed., *Anatomy of a Confrontation: Ayodha and the Rise of Communal Violence in India* (Delhi: Penguin India, 1991).

21. Amartya Sen, "Secularism and Its Discontents", 首次发表于 *Unraveling the Nation: Sectarian Conflict and India's Secular Identity*, ed. Kaushik Basu and Sanjay Subrahmanyam (Delhi: Penguin, 1996)，重新发表于 Amartya Sen, *The Argumentative Indian: Writings on Indian History, Culture and Identity* (New York: Farrar, Straus and Giroux, 2005), 294‐316。

22. 2009 年，美国梵文学者温迪·多尼格（Wendy Doniger）出版《印度教徒：另一种历史》（*The Hindus: An Alternative History*）一书（New York: Penguin Books, 2009），在书的结尾她写道："从印度悠久而又复杂的历史中，我们不仅可以学习到怎样避免挫折，也可以借鉴到怎样复制成功。我们可以以印度传说中的人物为榜样，抑或是有历史记载的阿育王（Ashoka）、戒日王（Harsha）、阿克巴、马哈黛维亚卡（Mahadevyyakka）、诗人迦比尔（Kabir）、甘地，以及最最普通的印度教徒，他们体现了真正包容的个人多元主义。我们可以以印度教内部反对等级与暴力的各种运动为鼓舞，如虔信派运动（bhakti movements），它承认女性和贱民的地位，提倡'爱'的宗教思想，不过我们也不必过于乐观，因为虔信派的诸多形式中掺杂了暴力。我们应该先审视当下并想象一下更美好的未来，再投入历史的怀抱"（689—690）。多尼格很快便遭到印度国内外右翼印度教徒的攻击。

23. Amartya Sen, "The Reach of Reason", in *Argumentative Indian*, 288.

24. Sen, *Argumentative Indian*, 285.

25. "我觉得，这种情感与理性之间的撕裂是印度殖民历史的一部分。科学理性主义，或者说科学探索精神，从一开始便被引入被殖民的印度，作为（印度）宗教，特别是印度教的解毒剂，因为在传教士、行政人员看来——他们置东方学者于不顾——（印度）宗教是迷信与魔法的合体"（Chakrabarty, *Habitations of Modernity*, 24）。以及"民族主义思想成为一个更普遍问题的具体表现形式，即资产阶级－理性主义者的知识观问题，这种知识建立于欧洲知识分子历史的后启蒙时代，是一种据称普遍性的思想构架的道德和认知基础，而这种思想构架以一种真实的、非形而上的方式长期存在于殖民统治之中"（Chatterjee, "Constitution of Indian Nationalist Discourse", 39）。

26. Sen, *Argumentative Indian*, xiii－xiv. 森认为，殖民经历不仅"损害了印度人的知识自信，也让印度人认可国家的科学与批判传统变得尤为艰难"（Sen, *Argumentative Indian*, 77）。查卡拉巴提的任务是，对抗很多学者反对信仰与理性的趋势。他对偏左和偏右的学者都持批判态度。他写道，左派知识分子"试图通过培养理性观来确保印度的世俗性。因此，似乎在强调并认同'神有自主性'这一政治想象的庶民历史引起了印度左派的愤慨。"他们所采用的"超级理性主义"立场导致了"一场现代殖民社会中的知识分子的失败。失败的原因在于一种将科学与宗教视为最终不可改变地相互对立的范式"（Chakrabarty, *Habitations of Modernity*, 26–27）。

27. 这是森的新书《身份与暴力——命运的幻想》（*Identity and Violence: the Illusion of Destiny* [New York: W. W. Norton, 2006]）的主题。

28. 同上，173－174。

29. Tagore, "East and West", from *Towards Universal Man*, in *The Ox-*

*ford India Tagore*, ed. Uma Das Gupta (New Delhi: Oxford University Press, 2009), 279 - 280.

30. 转引自 Amartya Sen, "Tagore and His India", in *Argumentative Indian*, 159。

31. 1951 年，也就是泰戈尔逝世十年后，国际大学成为印度政府管辖下的中央大学，在获得政府资助的同时确保了其独立地位。

32. 转引自 Martha C. Nussbaum, *Not for Profit: Why Democracy Needs the Humanities* (Princeton: Princeton University Press, 2010), 84 - 85。

33. Tagore, *Nationalism*, 99. 有意思的是，泰戈尔是印度、孟加拉两国国歌的作者。印度国歌由五节梵社颂歌组成，为泰戈尔所作，1911 年首次被唱诵；孟加拉国歌为泰戈尔 1905 年创作的歌曲《我金色的孟加拉》(*My Golden Bengal*)，作于英国分割孟加拉的初期。

34. *On Creative Diversity*, Report of the World Commission on Culture and Development (Paris: UNESCO, 1995), 54, http://unesdoc.unesco.org/ images/ 0010/001016/101651e.e.pdf.

35. Homi K. Bhabha, ed., *Nation and Narration* (London: Routledge, 1990).

36. Arjun Appadurai, *Fear of Small Numbers: An Essay on the Geography of Anger* (Durham: Duke University Press, 2006), 6, 7, 10.

37. Edward W. Said, "Representing the Colonized: Anthropology's Interlocutors", in *Reflections on Exile* (Cambridge, MA: Harvard University Press, 2000), 299.

38. Edward W. Said, "The Politics of Knowledge", in *Reflections on Exile*, 376.

39. Edward W. Said, "The Clash of Definitions", in *Reflections on Exile*, 587.

40. Edward W. Said, "Identity, Authority, and Freedom: The Potentate

and the Traveler", in *Reflections on Exile*, 385.

41. 同上，394，399，402 - 403，404。

42. Edward W. Said, *Culture and Imperialism* (New York: Vintage Books,1994), 49.

（中译文引自爱德华·W. 萨义德，《文化与帝国主义》，李琨译，生活·读书·新知三联书店，2016 年，第 56 页。——译者注）

43. Said, *Culture and Imperialism*, 61.

（中译文引自爱德华·W. 萨义德，《文化与帝国主义》，李琨译，生活·读书·新知三联书店，2016 年，第 81—82 页。——译者注）

44. Said, *Culture and Imperialism*, 61.

（中译文引自爱德华·W. 萨义德，《文化与帝国主义》，李琨译，生活·读书·新知三联书店，2016 年，第 82 页。——译者注）

45. Burbank and Cooper, *Empires in World History*, 59.

（中译文引自简·伯班克、弗雷德里克·库珀，《世界帝国史：权力与差异政治》，柴彬译，商务印书馆，2017 年，第 55 页。——译者注）

46. 同上，288。

47. 参见同上，453 - 459。

48. Said, *Culture and Imperialism*, xxv.

（中译文引自爱德华·W. 萨义德，《文化与帝国主义》，李琨译，生活·读书·新知三联书店，2016 年，第 22 页。——译者注）

49. Said, *Culture and Imperialism*, 44 - 45.

（中译文引自爱德华·W. 萨义德，《文化与帝国主义》，李琨译，生活·读书·新知三联书店，2016 年，第 59—60 页。——译者注）

50. Said, *Culture and Imperialism*, 48.

（中译文引自爱德华·W. 萨义德，《文化与帝国主义》，李琨译，生活·读书·新知三联书店，2016 年，第 64 页。——译者注）

51. Said, *Culture and Imperialism*, 51.

（中译文引自爱德华·W.萨义德，《文化与帝国主义》，李琨译，生活·读书·新知三联书店，2016年，第68页。——译者注）

52. Finbarr B. Flood, "Between Cult and Culture: Bamiyan, Islamic Iconoclasm, and the Museum", *Art Bulletin* (December 2002), 652.

53. Alfred Gell, *Art and Agency: An Anthropological Theory* (Oxford: Clarendon Press, 1998), 97，转引自 Flood, "Between Cult and Culture", 652。

54. Partha Chatterjee, "Our Modernity", in *Nation and Empire*, 146.

55. Appadurai, "Patriotism and Its Futures", 411.

56. Said, *Culture and Imperialism*, 311.

（中译文引自爱德华·W.萨义德，《文化与帝国主义》，李琨译，生活·读书·新知三联书店，2016年，第443—444页。——译者注）


## 后记

1. Homi Bhabha，已发表的谈话，in *Jitish Kallat: Public Notice 3*, ed. Madhuvanti Ghose (Chicago: Art Institute of Chicago, 2011), 68‑69。

2. Gyan Prakash, *Another Reason: Science and the Imagination of Modern India* (Princeton: Princeton University Press, 1999), 3‑4.

3. 转引自 Kavita Singh, "Material Fantasy: The Museum in Colonial India", in *India: Art and Visual Culture, 1857–2007*, ed. Gayatri Sinha (Mumbai: Marg Publications, 2009), 49。

4. 转引自 Singh, "Material Fantasy," 45。

5. 同上，50‑51。

6. Bhabha，已发表的谈话，in Ghose, *Jitish Kallat*, 70。

# 译名表

A

| | |
|---|---|
| Abbé Prévost | 普雷沃神父 |
| Abu Inan Faris | 阿布·伊南·法里斯 |
| Abul Fazl | 阿布·法兹勒 |
| Académie Royale des Sciences | 法兰西皇家科学院 |
| Adam Gopnik | 亚当·戈普尼克 |
| Adler Planetarium | 阿德勒天文馆 |
| African and Amerindian Purchase Endowment | 非洲和美洲购藏基金 |
| Akbar | 阿克巴 |
| Akkad | 阿卡得 |
| Alan Thomas | 艾伦·托马斯 |
| Alan Wallach | 艾伦·沃勒克 |
| Alan Wolfe | 艾伦·沃尔夫 |
| Albrecht Dürer | 阿尔布雷希特·丢勒 |
| Alexander Gottlieb Baumgarten | 亚历山大·戈特利布·鲍姆嘉通 |
| Alexander the Great | 亚历山大大帝 |

| | |
|---|---|
| Alfred Gell | 艾尔弗雷德·盖尔 |
| Allen Matusow | 艾伦·马图索 |
| Altes Museum | 老博物馆 |
| Amartya Sen | 阿马蒂亚·森 |
| American Museum of Natural History | 美国自然历史博物馆 |
| *Among the Believers* | 《信徒的国度》 |
| "An Answer to the Question: 'What is Enlightenment?'" | 《答复这个问题："什么是启蒙运动？"》 |
| Antiquities Export Control Act of 1947 | 《1947 年文物出口管控法案》 |
| Antonio Canova | 安东尼奥·卡诺瓦 |
| Archaeological Survey of India | 印度考古局 |
| Arjun Appadurai | 阿尔君·阿帕杜莱 |
| *Art Bulletin* | 《艺术学报》 |
| Art Institute of Chicago | 芝加哥艺术博物馆 |
| *Art Newspaper* | 《艺术新闻》 |
| Artists Rights Society | 艺术家版权协会 |
| Ashoka | 阿育王 |
| Asia Society | 亚洲协会 |
| Asiatic Society | 孟加拉亚洲学会 |
| Association of Art Museum Directors | 艺术博物馆馆长协会 |
| Aztec | 阿兹特克 |

## B

| | |
|---|---|
| Babri Mosque | 巴布里清真寺 |
| Bankimchandra Chattopadhyay | 班吉姆钱德拉·查托帕迪亚伊 |
| Baroda | 巴罗达 |
| *Bather* | 《浴者》 |
| Bell's | 贝尔图书馆 |

| | |
|---|---|
| Benedict Anderson | 本尼迪克特·安德森 |
| Benin | 贝宁 |
| Berkeley Tanner lectures | 加州大学伯克利分校坦纳系列讲座 |
| *Berlinische Monatsschrift* | 《柏林月刊》 |
| Bernard Tschumi | 贝尔纳·楚米 |
| *Beyond Belief* | 《信仰之外》 |
| bhakti movements | 虔信派运动 |
| Bharatiya Janata Party (BJP) | 印度人民党 |
| Bibliothèque Nationale | 法国国家图书馆 |
| Bloomsbury | 布卢姆斯伯里 |
| Bodleian Libraries at Oxford University | 牛津大学博德利图书馆 |
| Boston Museum of Fine Arts | 波士顿美术馆 |
| Brice Marden | 布赖斯·马登 |
| British Museum Act | 《大英博物馆法案》 |
| British Museum | 大英博物馆 |
| Butler Field | 巴特勒广场 |
| Byzantine Empire | 拜占庭帝国 |

## C

| | |
|---|---|
| C. P. Snow | C.P. 斯诺 |
| Campbell Lectures Series in Literary Studies | 坎贝尔文学研究系列讲座 |
| Carol Duncan | 卡萝尔·邓肯 |
| Carolus Linnaeus | 卡尔·林奈 |
| Center for Historical Studies at Jawaharlal Nehru University | 尼赫鲁大学历史研究中心 |
| Central Museum | 中央博物馆, 印度斋普尔 |
| Cezanne | 塞尚 |

| | |
|---|---|
| Chapter Coffee House | 查普特咖啡馆 |
| Charles V | 查理五世 |
| Chicago Symphony Orchestra | 芝加哥交响乐团 |
| Chinggis Khan | 成吉思汗 |
| Chola | 朱罗王朝 |
| Cicero | 西塞罗 |
| Claire Farago | 克莱尔·法拉戈 |
| Clement XII | 克雷芒十二世 |
| Clement XIII | 克雷芒十三世 |
| Clifford Siskin | 克利福德·西斯金 |
| *Cold Mountain 1 (Path)* | 《寒山一·道》 |
| *Cold Mountain 2* | 《寒山二》 |
| *Cold Mountain 5 (Open)* | 《寒山五·开》 |
| *Cold Mountain 6 (Bridge)* | 《寒山六·桥》 |
| College Art Association | 学院艺术协会 |
| College of Physicians in London | 伦敦医师学院 |
| College of Physicians of Edinburgh | 爱丁堡医师学院 |
| Columbia University | 哥伦比亚大学 |
| Commercial Club of Chicago | 芝加哥商业俱乐部 |
| Condorcet | 孔多塞 |
| *Critical Review* | 《批判评论》 |
| *Cyclopaedia, or an Universal Dictionary of Arts and Sciences* | 《百科全书；或艺术与科学通用字典》 |
| Cyrus | 居鲁士大帝 |

## D

| | |
|---|---|
| Daniel H. Burnham | 丹尼尔·H. 伯纳姆 |
| David Hume | 大卫·休谟 |

| | |
|---|---|
| De Santos palace | 桑托斯宫 |
| Declaration of Independence | 《独立宣言》 |
| Declaration of the Rights of Man and Citizen | 《人权与公民权利宣言》 |
| Delft | 代尔夫特 |
| Derrida | 德里达 |
| *Dictionary of the English Language* | 《英文词典》 |
| Diderot | 狄德罗 |
| Diogenes the Cynic | 犬儒学派的第欧根尼 |
| Dipesh Chakrabarty | 迪佩什·查卡拉巴提 |
| Donald Preziosi | 唐纳德·普雷齐奥西 |
| Dr. Bhau Daji Lad Museum | 包·达吉·拉德医生博物馆 |
| Duke University | 杜克大学 |

## E

| | |
|---|---|
| Edith Grossman | 伊迪丝·格罗斯曼 |
| Edmund Burke | 埃德蒙·伯克 |
| Edo | 埃多人 |
| Edward Said | 爱德华·萨义德 |
| Elaine Scarry | 伊莱恩·斯卡利 |
| Elam | 埃兰 |
| Electronic Enlightenment | "电子启蒙运动" |
| *Encyclopaedia Britannica* | 《不列颠百科全书》 |
| *Encyclopedia of the Enlightenment* | 《启蒙运动百科全书》 |
| *Encyclopédie* | 《百科全书》 |
| Ephraim Chambers | 伊弗雷姆·钱伯斯 |
| Erich Auerbach | 埃里希·奥尔巴赫 |
| Ernst Curtius | 恩斯特·库尔提乌斯 |

| | |
|---|---|
| *Etchings to Rexroth* | 《致王红公的版画》系列 |
| Eva Lewis | 伊娃·刘易斯 |
| Exchange Alley | 交易所巷 |

**F**

| | |
|---|---|
| Fang | 芳人 |
| Fatimid | 法蒂玛王朝 |
| Field Museum | 菲尔德博物馆 |
| Finbarr Barry Flood | 芬巴尔·巴里·弗勒德 |
| Foucault | 福柯 |
| Francis Bacon | 弗朗西斯·培根 |
| Frantz Fanon | 弗朗兹·法农 |
| Franz Boas | 弗朗兹·博厄斯 |
| Frederick Cooper | 弗雷德里克·库珀 |
| Frederick W. Renshaw Acquisition Fund | 弗雷德里克·W. 伦肖征集基金 |
| Friends of American Art Collection | 美国艺术之友藏品 |

**G**

| | |
|---|---|
| Gandhi | 甘地 |
| Gary Wihl | 韦格睿 |
| George I | 乔治一世 |
| George Washington University | 乔治·华盛顿大学 |
| Ghandara | 犍陀罗 |
| Giambattista Vico | 詹巴蒂斯塔·维柯 |
| Gladys N. Anderson Endowment | 格拉迪丝·N. 安德森基金 |
| Grant Park | 格兰特公园 |
| *Grasping the World: The Idea of the Museum* | 《领会世界：博物馆的理念》 |

| | |
|---|---|
| Gyan Prakash | 吉安·普拉卡什 |

## H

| | |
|---|---|
| Haile Selassie | 海尔·塞拉西 |
| Halicarnassus | 哈利卡纳苏斯 |
| Harsha | 戒日王 |
| Hasidic community | 哈西德派群体 |
| Haymarket | 海马基特 |
| *Head of Medusa* | 《美杜萨头像》 |
| Herbert Pickering Lewis | 赫伯特·皮克林·刘易斯 |
| Hernán Cortés | 埃尔南·科尔特斯 |
| Herodotus | 希罗多德 |
| Hippolyte Adolph Taine | 伊波利特·阿道夫·泰纳 |
| Hirshhorn Museum and Sculpture Garden | 赫什霍恩博物馆和雕塑园 |
| Hogarth | 贺加斯 |
| Holenia Purchase Fund | 霍伦尼亚购藏基金 |
| Homi Bhabha | 霍米·巴巴 |
| Humanities Center, City University of New York | 纽约城市大学人文中心 |
| Humanities Center, New York University | 纽约大学人文中心 |

## I

| | |
|---|---|
| Ibn Battuta | 伊本·白图泰 |
| "Idea for a Universal History with a Cosmopolitan Purpose" | 《世界公民观点之下的普遍历史观念》 |
| *Identity and Violence: the Illusion of Destiny* | 《身份与暴力——命运的幻想》 |
| Il-Khan Oljeitu | 伊儿汗完者都 |

| | |
|---|---|
| *In Defence of the Enlightenment* | 《为启蒙运动辩护》 |
| *India: A Million Mutinies Now* | 《印度：百万叛变的今天》 |
| Institute of Fine Arts, New York University | 纽约大学艺术学院 |
| Institute of Rural Reconstruction | 乡村重建研究所 |
| Iris Murdoch | 艾丽丝·默多克 |
| Isaac Newton | 艾萨克·牛顿 |
| Isaiah Berlin | 以赛亚·伯林 |

## J

| | |
|---|---|
| J. Paul Getty Trust | J. 保罗·盖蒂信托基金 |
| Jackson Pollock | 杰克逊·波洛克 |
| Jacobean | 詹姆斯一世时期 |
| Jacques-Louis David | 雅克－路易·大卫 |
| Jahangir | 贾汗季 |
| James Cahill | 高居翰 |
| James Empson | 詹姆斯·恩普森 |
| James W. and Marilynn Alsdorf Collection | 詹姆斯·W. 和玛丽莲·阿尔斯多夫藏品 |
| Jane Burbank | 简·伯班克 |
| Jane de Glehn | 简·德格伦 |
| Jean-Marie Roland | 让－马里·罗兰 |
| Joel Score | 乔尔·斯科尔 |
| Johann Gottfried von Herder | 约翰·戈特弗里德·冯·赫尔德 |
| John Brewer | 约翰·布鲁尔 |
| John Elderfield | 约翰·埃尔德菲尔德 |
| John Lockwood Kipling | 约翰·洛克伍德·吉卜林 |
| John Singer Sargent | 约翰·辛格·萨金特 |
| Jonathan Richardson | 乔纳森·理查森 |
| Jonathan's Coffee House | 乔纳森咖啡馆 |

| | |
|---|---|
| Joseph H. Hirshhorn | 约瑟夫·H.赫什霍恩 |

**K**

| | |
|---|---|
| Kabir | 迦比尔 |
| Kant | 康德 |
| Kate S. Buckingham Fund | 凯特·S.白金汉基金会 |
| Kavita Singh | 卡薇塔·辛格 |
| Kenneth Rexroth | 王红公 |
| Khubilai Khan | 忽必烈 |
| Kirk Varnedoe | 柯克·瓦恩多 |
| Kushan empire | 贵霜帝国 |
| Kwame Anthony Appiah | 夸梅·安东尼·阿皮亚 |

**L**

| | |
|---|---|
| La Pietra Policy Dialogues | 彼得拉政策对话中心 |
| Lacy Armour Endowment | 莱西·阿默尔基金 |
| Lahore Museum | 拉合尔博物馆 |
| Lionel Trilling | 莱昂内尔·特里林 |
| *Lives of the English Poets* | 《诗人传》 |
| Locke | 洛克 |
| *London Review of Books* | 《伦敦书评》 |
| Louvre Abu Dhabi | 阿布扎比卢浮宫 |
| Lyotard | 利奥塔尔 |

**M**

| | |
|---|---|
| Madras Literary Society | 马德拉斯文学会 |
| Maghreb | 马格里布 |
| Mahadevyyakka | 马哈黛维亚卡 |

| | |
|---|---|
| Mamadou Diouf | 马马杜·迪乌夫 |
| Marco Polo | 马可·波罗 |
| Marcus Aurelius | 马尔库斯·奥勒利乌斯 |
| Mark Taylor | 马克·泰勒 |
| Marquis de Lafayette | 拉斐德侯爵 |
| Martha Nussbaum | 玛莎·努斯鲍姆 |
| Martin Amis | 马丁·埃米斯 |
| Matisse | 马蒂斯 |
| Matthew Marks Gallery | 马修·马克斯美术馆 |
| Mauryan empire | 孔雀帝国 |
| McClellan | 麦克莱伦 |
| Mediating Enlightenment Past and Present | "思索启蒙的过去与现在" |
| Memorial Art Gallery, University of Rochester | 罗切斯特大学纪念美术馆 |
| Merchant's Club | 芝加哥商人俱乐部 |
| Michael Baxandall | 迈克尔·巴克森德尔 |
| Millennium Park | 千禧公园 |
| Mohammed Bamyeh | 穆罕默德·巴米耶 |
| Montagu House | 蒙塔古大楼 |
| Montecuhzoma II | 蒙提祖马二世 |
| *Monthly Review* | 《每月评论》 |
| Mr. and Mrs. Lewis Manilow | 刘易斯·马尼洛夫妇 |
| Mr. and Mrs. Medard W. Welch | 梅达德·W.韦尔奇夫妇 |
| Mr. and Mrs. Ralph Goldenberg | 拉尔夫·戈登堡夫妇 |
| Mr. and Mrs. Roy Friedman | 罗伊·弗里德曼夫妇 |
| Mughals | 莫卧儿人 |
| Muhammad bin Tughluq | 穆罕默德·本·图格鲁克 |
| Murid | 穆里德教派 |

| | |
|---|---|
| Museum of Archaeology and Anthropology, University of Pennsylvania | 宾夕法尼亚大学考古与人类学博物馆 |
| Museum of Modern Art (MoMA) | 现代艺术博物馆 |
| "My Golden Bengal" | 《我金色的孟加拉》 |

**N**

| | |
|---|---|
| Nathan Glazer | 内森·格莱泽 |
| National Gallery | 国家美术馆，英国 |
| National Museum of India | 印度国家博物馆 |
| Nationalism in India | 《印度的民族主义》 |
| Natural History Museum | 自然历史博物馆，英国 |
| Nehru | 尼赫鲁 |
| Neil MacGregor | 尼尔·麦格雷戈 |
| Nestorian | 聂斯脱利派 |
| New Kingdom | 埃及新王国时代 |
| Nimrud | 尼姆鲁德 |
| Northern Alliance | 北方联盟 |
| Nyingmapa | 宁玛派 |

**O**

| | |
|---|---|
| Old Slaughter's Coffee House | 老斯劳特咖啡馆 |
| Orange | 奥林奇咖啡馆 |
| Oriental Institute, University of Chicago | 芝加哥大学东方学院 |
| Ottoman | 奥斯曼帝国 |

**P**

| | |
|---|---|
| Padmasambhava | 莲花生 |
| Partha Chatterjee | 帕沙·查特吉 |

| | |
|---|---|
| Parthenon Marbles | 帕特农神庙大理石雕塑 |
| Paternoster Row | 帕特诺斯特街 |
| "Patriotism and Cosmopolitanism" | 《爱国主义和世界主义》 |
| Paul Ricoeur | 保罗·利科 |
| Paul Valéry | 保罗·瓦莱里 |
| Per Kalm | 佩尔·卡尔姆 |
| Pergamon Museum | 佩加蒙博物馆 |
| *Perpetual Peace* | 《永久和平论》 |
| Pharoanic Egypt | 埃及法老时代 |
| Picasso | 毕加索 |
| Plan for Chicago | 《芝加哥城市规划》 |
| Postal Bill | 《邮政法案》 |
| Prince of Wales Museum | 威尔士亲王博物馆，印度孟买 |

## Q

| | |
|---|---|
| Queen Anne | 安妮女王 |

## R

| | |
|---|---|
| Rabindranath Tagore | 拉宾德拉纳特·泰戈尔 |
| Rama | 罗摩 |
| Rashtriya Swayamsevak Sangh (RSS) | 国民志愿服务团 |
| Red Pine | 赤松 |
| Rice University | 赖斯大学 |
| Richard Brilliant | 理查德·布里连特 |
| Richard Falk | 理查德·福尔克 |
| Richard Rorty | 理查德·罗蒂 |
| Richard Serra | 理查德·塞拉 |
| *Rihla* | 《游记》 |

| | |
|---|---|
| Robert Allerton and Ada Turnbull Hertle endowments | 罗伯特·阿勒顿和埃达·特恩布尔·赫特尔基金 |
| Robert Allerton Income Fund | 罗伯特·阿勒顿收入基金 |
| Robert Darnton | 罗伯特·达恩顿 |
| Roman Empire | 罗马帝国 |
| Roubiliac | 鲁比利亚克 |
| Roxanne Euben | 罗克珊·尤本 |
| Royal Prussian Academy of Sciences | 普鲁士皇家科学院 |
| Royal Society | 英国皇家学会 |
| Rudyard Kipling | 拉迪亚德·吉卜林 |
| Ryszard Kapuścínski | 雷沙德·卡普钦斯基 |

## S

| | |
|---|---|
| Safavid dynasty | 萨非王朝 |
| Sami Zubaida | 萨米·祖拜达 |
| Samuel Huntington | 塞缪尔·亨廷顿 |
| Samuel Johnson | 塞缪尔·约翰生 |
| Samuel P. Avery Fund | 塞缪尔·P. 埃弗里基金 |
| Sanjay Subrahmanyam | 桑贾伊·苏布拉马尼亚姆 |
| Santiniketan | 寂乡 |
| Sarah Campbell | 萨拉·坎贝尔 |
| Sarkozy | 萨科齐 |
| Sasanid empire | 萨珊帝国 |
| Saul Bellow | 索尔·贝娄 |
| Sayayji Rao | 萨亚吉·拉奥 |
| Selim I | 赛里木一世 |
| Seneca | 塞内加 |
| Seyla Benhabib | 塞拉·本哈比 |

| | |
|---|---|
| Sharon Macdonald | 莎伦·麦克唐纳 |
| Shedd Aquarium | 谢德海洋馆 |
| Sheldon Pollock | 谢尔登·波洛克 |
| Sir Hans Sloane | 汉斯·斯隆爵士 |
| Sorel | 索雷尔 |
| South Kensington | 南肯辛顿 |
| Spengler | 斯彭格勒 |
| St. Martin's Lane | 圣马丁巷 |
| Staatliche Museen zu Berlin | 柏林国家博物馆 |
| Stephen Bann | 斯蒂芬·班恩 |
| Stephen Greenblatt | 斯蒂芬·格林布拉特 |
| Sterling and Francine Clark Art Institute | 斯特林和弗朗辛·克拉克艺术博物馆 |
| Subaltern Studies Collective | 庶民研究团体 |
| Sufism | 苏非派 |
| Sumer | 苏美尔 |
| Susa | 苏萨 |
| Svetlana Alpers | 斯韦特兰娜·阿尔珀斯 |
| Symphony Hall | 交响大厅 |
| *Systema Naturae* | 《自然系统》 |

## T

| | |
|---|---|
| T. C. Campbell | T.C.坎贝尔 |
| Talavera Poblana Puebla | 塔拉韦拉–波布拉那–普埃布拉 |
| Tangier | 丹吉尔 |
| Tatas | 塔塔家族 |
| *The Anti-Enlightenment Tradition* | 《反启蒙》 |
| *The Fountain at Villa Torlonia, Frascati, Italy* | 《意大利弗拉斯卡蒂，托洛尼亚别墅的喷泉》 |

| | |
|---|---|
| *The Future of Liberalism* | 《自由主义的未来》 |
| The Hermitage | 艾尔米塔什博物馆 |
| *The Hindus: An Alternative History* | 《印度教徒：另一种历史》 |
| The Louvre | 卢浮宫博物馆 |
| *The Other* | 《他者》 |
| The Political Abuse of History: Babri-Masjid-Rama-Janma-Bhumi Dispute | 《政治对历史的滥用：巴布里清真寺 – 罗摩出生地引发的争端》 |
| The Re:Enlightenment Project | "再启蒙项目" |
| *This Is Enlightenment* | 《这就是启蒙》 |
| Thomas Jefferson | 托马斯·杰斐逊 |
| Timur | 帖木儿 |
| Tony Bennett | 托尼·本尼特 |
| Tony Judt | 托尼·朱特 |
| Topkapi Saray | 托普卡珀宫 |
| *Travels with Herodotus* | 《与希罗多德一起旅行》 |
| Trisong Detsen | 赤松德赞 |
| *Two Discourses—The Connoisseur: An Essay on the Whole Art of Criticism and An Argument on Behalf of the Science of a Connoisseur* | 《两篇论文——<鉴赏家：论完整的批评艺术>和<论鉴赏家的科学>》 |
| Tzvetan Todorov | 茨维坦·托多罗夫 |

## U

| | |
|---|---|
| Universal Declaration of Human Rights | 《世界人权宣言》 |
| University of Chicago Press | 芝加哥大学出版社 |

## V

| | |
|---|---|
| V. S. Naipaul | V.S. 奈保尔 |
| Vera Cruz | 韦拉克鲁斯 |

| | |
|---|---|
| Victoria and Albert Museum | 维多利亚与艾伯特博物馆，印度孟买 / 英国伦敦 |
| Visva-Bharati | 国际大学 |
| Vladimir Nabokov | 弗拉基米尔·纳博科夫 |

## W

| | |
|---|---|
| Walter Mignolo | 沃尔特·米格诺罗 |
| Washington University | 华盛顿大学 |
| Wendy Doniger | 温迪·多尼格 |
| Wilfred Thesiger | 威尔弗雷德·塞西杰 |
| Wilfrid | 威尔弗里德 |
| William Dalrymple | 威廉·达尔林普尔 |
| William Hamilton | 威廉·汉密尔顿 |
| William Warner | 威廉·沃纳 |
| World Commission on Culture and Development | 世界文化与发展委员会 |

## Y

| | |
|---|---|
| Yale University | 耶鲁大学 |

## Z

| | |
|---|---|
| Zeev Sternhell | 泽夫·斯汤奈尔 |
| *Zen Studies* | 《禅的习作》 |
| *Zen Studies*, plate 1 from *Cold Mountain Series* | 《禅的习作：寒山系列之一》 |
| *Zen Studies*, plate 3 from *Cold Mountain Series* | 《禅的习作：寒山系列之三》 |

# 译后记

　　"百科全书"一词的英文 encyclopaedia 来自希腊语词 enkuklios paideia，字面意思是"全面的教育"。现代意义上的百科全书诞生于 18 世纪欧洲启蒙运动，以法国哲学家狄德罗主编的《百科全书，或科学、艺术与手工艺大词典》为代表，该书全面且科学地记录了文学、哲学、政治、社会、科技、宗教、艺术等各领域的人类知识，对旧制度和旧思想提出了质疑，提倡新科学技术和自由思想，启迪当时的社会走出蒙昧。"百科全书式的博物馆"也是启蒙运动的产物，它用全面的藏品直观呈现人类知识的各个领域，鼓励观众运用理性去探求真理，消除对世界的无知。本书作者詹姆斯·库诺并没有对"百科全书式的博物馆"给出明确的定义，但他一直在强调百科全书式的博物馆在继承启蒙精神之外具有两大特征：一是专注于收藏和展示来自世界多元文化的代表性物品；二是高举世界主义的文化理念，承认文化的混合性，提倡无偏见地对待不同文化以及对差异的包容。

　　"世界四大馆"之一的英国大英博物馆，共有八个典藏部门，藏品大多来自英国之外的亚洲、非洲、欧洲大陆、美洲、大洋洲。库诺写作本书时所在的美国芝加哥艺术博物馆共有十二个典藏部门，其中八个部门以收藏美国以外的艺术品为主。以上述博物馆为代表的百科全书式的博物馆，都不局限于展示本国的历史和文化，它们在悠久的历史积淀基础上，构建出了一套成熟、丰富而又优质的藏品体系，可以持续推出堪称高质量、拥有强大社会影响力的展览，再加上其极富历史感的宏大建筑，令其当之无愧地成为普通人心目中的旅游胜地和博物馆行业的翘楚。

本书脱胎于库诺本人2009年面向美国赖斯大学师生所作的"博物馆的前景"（The Promise of Museums）系列讲座。库诺是艺术史博士、国际知名的博物馆学者，担任过美国和英国重要博物馆的馆长，他尤其关注与博物馆相关的文化政策和文化财产归属等问题，著有《谁拥有文物？博物馆和古代遗产之争》，他主编的《谁的缪斯？美术馆与公信力》和《谁的文化？博物馆的承诺以及关于文物的论争》两本书也都早已有中文版面世。本书中，库诺从芝加哥市移民社会和多元文化的背景出发，从理论和哲学的高度阐述了博物馆——尤其是建设百科全书式的博物馆——的重要性。作者的主要着眼点有四：百科全书式的博物馆所继承的启蒙精神；博物馆在构建展览时如何正确处理好展品、话语、观众三者之间的关系；博物馆应该秉持世界主义的文化观；以及在后殖民的语境下，百科全书式的博物馆与"帝国"的联系。库诺追溯现代百科全书式的博物馆的起源，即1753年诞生的大英博物馆，他高度赞扬了百科全书式的博物馆的理性探索精神、对个人自主性的推崇和反教条的批判精神。出于对这种深受启蒙运动原则影响的理性批判精神和个人自主性的尊重，库诺认为，博物馆的展览应该保持客观性，把"物"放在第一位，优先于"话语"，让观众不受到任何偏见的左右、自主地体验展品，从而去发现关于世界的真理。在博物馆的文化理念方面，库诺强调，在百科全书式的博物馆里，文化无高低贵贱之分，也不受国家、政治或民族边界的束缚，他的主张根植于一种深信文化平等的世界主义观。作者用博物馆藏品有力地证明了世界文化的混合特性，并从后殖民研究的视角探析了这种混合性。

书中，作者大量引用了哲学家、文学评论家、艺术史学家和后殖民理论家的相关著述，来证明自己的论点，并对一些反对论点进行了有力的批驳。从某种角度上说，本书有一点文献综述的意味。书中还列举了许多生动有趣的例证，用来印证作者的观点，同时加强了本书的可读性。从那些例证中不难看出作者本人对世界多元文化的热爱，一些与中国文化相关的例子或许会让中文读者读起来倍感亲切。

本书的英文版出版于 2011 年，当时"9·11"事件对美国（乃至全世界）的震动尚未平复，人们陷入一种对文明冲突的恐惧以及对"他者"文化的疑虑之中。在这样的背景之下，作者提出，百科全书式的博物馆可以消解文化之间的隔阂，或许能为世界和平带来一线希望。对于当今世界的博物馆而言，促进文化交流和人心相通无疑已经成为其核心使命之一，因此，作者所提倡的积极的世界主义文化观是值得肯定的，这也与中国博物馆界所信奉的坚持平等相待、尊重多样文明、积极推动文明交流互鉴的观念有着异曲同工之妙。

在译者看来，书中略显不足之处主要有两点，一是前文所说的，未对"百科全书式的博物馆"给出明确定义，这可能导致读者在对该概念的认识上存在模糊性。二是作者在第四章中对如何认清百科全书式的博物馆与"帝国""帝国主义"的联系未作更深入的阐述，可能导致读者——尤其是对该问题关注度较高的中文读者——误解"帝国"一词的含义，并且在某种程度上误解作者的主张。

提到"百科全书式的博物馆"，中文读者或许会很自然地把它同中国国内惯用的"综合性博物馆"的说法相联系。这两个概念有许多交集，比如都拥抱宏大的历史和文化视野，馆藏都跨越不同历史阶段、涵盖丰富的材质和门类。而两者最大的区别在于，本书所述的"百科全书式的博物馆"更强调馆藏的"世界多元"和"非本土性"，其藏品可以说涵盖了世界五大洲的主要文明和历史文化；而中国语境之下的"综合性博物馆"，馆藏多以本国本土物品为主，全面展示本国各个历史阶段、地域、民族的发展演变，来自中国以外地域和文化的物品占馆藏总数的比例非常小，甚至可以说基本上处于缺失的状态。中国的"综合性博物馆"若想要展示世界文化的丰富多元，基本上只能依靠从国外文博机构借展来实现。作者大力提倡建设百科全书式的博物馆——"在上海、拉各斯、开罗、德里和其他所有大城市"，但遗憾的是，他并没有谈及"如何建设"这一根本方法问题，使得这一积极倡议有沦为空谈的危险。以中国博物馆为代表的世界上许多以弘扬本国历史文化为主的博物馆，应该如何构建反映世界五大洲文明的多元馆藏体系，作者对此看似是不在意的，而这也从另一层面回避了一个重要问题，即馆藏来源问题。

在文化遗产归属的问题上，库诺是国际文博界著名的反方代表，他主张文化遗产应该为全人类所共享，而不是为某个国家、某个民族或某个文化独占；博物馆有权收藏来自别国、来源不明的文物，这些文物因其具有高度的艺术价值而应该受到妥善保管和欣赏。在《谁拥有文物？博物馆和古代遗产之争》(*Who Owns Antiquity?: Museums and the Battle over Our Ancient Heritage*，2008 年)一书中，库诺立场鲜明地提出了他的主张，在美国国内外博物馆界和学界引起了很大争议。本书中，库诺的立场似有所缓和，他着重阐释了世界主义藏品观的思想根源，也在一定程度上承认殖民行为与百科全书式的博物馆之间的联系。(比如他说："帝国遗产，不论是政治的、经济的还是文化的，都时时刻刻与殖民主义和民族主义缠绕在一起，内容极为庞杂，切不可轻率对待。"作者也借助他人之口指出："博物馆作为国家/民族遗产的展示地，艺术作为普遍人类价值，以及历史上许多欧美博物馆面对殖民地国家与后殖民地国家进行的收藏行为，这三者间存在着紧张关系。")同时，他在书中对文物归属权这一争议焦点问题也几乎避而不提。但是，作者始终没有正面讨论百科全书式的博物馆应该如何对待其世界多元藏品上部分存在的殖民烙印的问题，这就似乎有打着"世界主义"和"反对文化民族主义"的旗号强行占有文物之嫌了。本书问世后的十几年来，国际文博界关于"文物返还"(restitution 或 repatriation)的讨论越来越热烈，将非法掠夺来的文物归还给来源国也成为越来越多的欧美博物馆公认的、应尽的责任。在这一场席卷全球文化遗产领域的论争中，作者所推崇的百科全书式的博物馆的"鼻祖"——大英博物馆——也未能幸免，甚至关于其馆名的中文翻译都已成为一个重要的辩论话题。因此，我们期待着在本书之外，能听到作者本人对这一最新趋势的回应。

对于上文所提及的书中值得商榷之处，我们需要诚恳且客观地对待。博物馆原本就不是远离尘世喧嚣的象牙塔。诚如库诺在书中所言，"博物馆是理性争辩和阐释的场所"，博物馆可以引发深度的思考和激烈的辩论。通过本书我们也可以看到，博物馆已经成为哲学家、诗人、社会学家、后殖民理论家乃至艺术家、建筑学家感兴趣的批评和研究对象，成为前沿思想的灵感来源地，也凸显了国际博物馆学研究领域的跨学科性质。

百科全书式的博物馆对于传承人类文明、促进世界文化交流互信、传播知识和真理的贡献无疑是巨大的，这一点不容否定。同时，随着社会对国家/民族文化遗产所有权问题和博物馆伦理问题的认识进一步加深，新的讨论还在继续发酵。希望这本书能帮助中国国内文博界认识和反思西方博物馆界不同思想流派的观点及其根源，为解决未来相关问题提供新思路。也希望本书将启发中国博物馆同行适当跳出自己所在的博物馆的小圈子，从更高、更广阔的理论视角来思索作为文化机构的博物馆在本国本民族文化以及世界历史文化中所扮演的角色。

本书中译本依据芝加哥大学出版社2011年英文版译出。对于书中所引用的一些重要著作，译者尽量查找到了权威中译本，以避免对原文可能存在的误读。为了便于中文读者理解，译者也对一些重要学者和相关知识点添加了注释，均以译者注的形式出现。此外，对于英文版中的个别谬误，译者也进行了核实并修正。

最后，感谢我的同事、中国国家博物馆研究馆员、研究院院长陈煜老师为本书担当审校，指出了译文中的许多问题，他对译文提出了许多宝贵的修改意见，大大提升了中译本的准确度。也感谢闫志、佟春燕、杨桂梅、任彤等诸位同仁在本书翻译过程中提供了十分必要的帮助。


夏美芳

2022 年 2 月写于北京